CALIDAD, CONDUCTA HUMANA Y RESULTADOS

El lado humano de la mejora de calidad

Jerry Pounds

Tom Werner

Bob Foxworthy

Daniel Moran

jerry.pounds@qualitysafetyedge.com

DEDICATORIA

Este libro está dedicado a todos los profesionales en Calidad, empleados de primera línea y gerentes que se esfuerzan día a día para mejorar la calidad de sus compañías. Esperamos que este libro les proporcione algunas ideas útiles para mejorar sus esfuerzos.

"*Calidad, Conducta humana y Resultados*" ha desvelado los secretos ocultos para la creación de una verdadera cultura de la Calidad. Resulta convincente, conciso y se centra en la mejora continua basada en la conducta. Como estudiante de negocios, este es mi libro de referencia para establecer, reforzar y recompensar las conductas apropiadas."
—Kevin Walsh, Director de Operaciones, Industrial Piping, Inc.

"Este libro resume los aspectos que los procesos de calidad en los que gastamos millones de dólares normalmente ignoran: el comportamiento de las personas cuando realizan procedimientos. Los autores muestran un conocimiento detallado de dónde se suelen colapsar los procesos de calidad y cómo mejoran cuando se centra la atención en las conductas adecuadas de las personas que trabajan en ellos."
—Barry W. Ditzler, Director, Fukushima Modifications for Entergy Nuclear, CB&I

"Este libro aporta medidas claras y fáciles (pero a menudo ignoradas) relacionadas con el comportamiento humano que mejorarán cualquier iniciativa de calidad ya que se centra en las conductas que resultan fundamentales para trabajar en este ámbito."
—Andrew Armpriester, gerente, empresa de energía Fortune 10

"Por fin, un libro que aplica lo aprendido de implementar las ciencias conductuales en el ámbito de la prevención de riesgos laborales a otra disciplina: la calidad. En una empresa, las personas tienen que formar parte de la solución: es un gran incentivo para la mejora continua. Este libro proporciona un plan para involucrar a los empleados en un sistema de calidad basado en el comportamiento que puede proporcionarle una mejora significativa de la calidad a cualquier empresa."
—Brian Duffy, Director de Medio Ambiente y Seguridad Corporativa, Crown Equipment Corporation

TABLA DE CONTENIDOS

AGRADECIMIENTOS

Estamos muy agradecidos con los amigos y colegas que leyeron este libro cuando todavía era un proyecto y nos proporcionaron consejos muy útiles y una retroalimentación profesional.

Le damos las gracias a Terry McSween PhD el director general de la Quality Safety Edge por la orientación, los datos y los comentarios recibidos durante la realización del libro. También queremos agradecerle a Gail Snyder su edición profesional y asesoramiento.

Finalmente, agradecemos a todos nuestros colegas de la Quality Safety Edge su apoyo y trabajo pionero en la aplicación del enfoque conductual en el lugar de trabajo.

PRÓLOGO

El panorama empresarial internacional está lleno de iniciativas de mejora de la calidad muy costosas, que no han cumplido con las expectativas y que han tenido que ser abandonadas. Programas como Lean, Six Sigma, Manufactura de Clase Mundial, Excelencia Operacional y Gestión de Calidad Total siguen de moda a pesar de sus resultados irregulares. Algunas compañías implementan tres o cuatro iniciativas a la vez, pensando que cuanta más cantidad, mejor.

Si se revisa cada iniciativa, se pueden ver decenas de técnicas, de herramientas y procesos encaminados a la solución de problemas y mejora de la calidad. Cada iniciativa menciona a los empleados de primera línea, pero no aporta un enfoque sistemático con el que abordar el papel que juegan las personas en el empeoramiento o mejora de la calidad.

La ironía reside en que precisamente el *comportamiento de los empleados de primera línea* es fundamental para el proceso de producción de cualquier servicio. La forma en que se comportan los trabajadores de primera línea (ya sea haciendo las cosas bien, haciéndolas mal o no haciendo lo que deberían) determina los resultados de la calidad. Sin embargo, las iniciativas de calidad no tienen ningún método sistemático para identificar o cambiar el comportamiento de los empleados de primera línea. Este libro ofrece un proceso sistemático para analizar el comportamiento de los empleados de primera línea y para identificar los comportamientos específicos que cada empleado tiene que desarrollar para acelerar la mejora de la calidad.

Este libro es una lectura obligatoria para cualquier persona que haya puesto en marcha una iniciativa de mejora de la calidad y no haya logrado o mantenido los resultados deseados. Sabemos por qué los resultados son insuficientes o insostenibles. Todas las doctrinas de calidad incitan a los altos ejecutivos de apoyo a que introduzcan las prácticas de calidad en la cultura empresarial, pero la iniciativa no especifica cómo hacerlo.

Haga la siguiente prueba: abra *cualquier* libro sobre Gestión de la Calidad Total, mejora continua, Lean, Six Sigma, Manufactura de Clase Mundial, o el Sistema de Producción de Toyota. Busque un capítulo sobre «cómo manejar el comportamiento humano», un capítulo que describa exactamente lo que los supervisores y directores técnicos deben decir y hacer para mejorar los comportamientos de los empleados de primera línea y así obtener resultados de alta calidad. ¡No encontrará ninguno! El factor humano no consta en la agenda de la calidad. Los Gurús de Calidad son, a menudo, estadísticos, ingenieros y diseñadores que no están entrenados en cómo motivar a sus trabajadores para que den lo mejor de sí mismos.

Cuando el público le preguntó al Dr. W. Edwards Deming, pionero en calidad, qué tenían que hacer exactamente los directores técnicos para lograr sus 14 puntos, este respondió: «Tú eres el director; tú tienes que darte cuenta». Esa mentalidad continua presente en el mundo de la calidad. Las iniciativas se centran principalmente en el análisis de datos y en el diseño de procesos, y luego cuentan con gestores para que los planes de calidad se vean reflejados en los hábitos cotidianos de trabajo de los empleados de primer línea y en su lugar de trabajo. Las iniciativas de calidad dejan que los gerentes lo descubran por sí mismos.

Muchas iniciativas de calidad muestran alguna laguna. Y esta es suponer que los seres humanos actúan automáticamente siguiendo un procedimiento de calidad recién diseñado. ¡La conducta humana no funciona de esa manera! Este libro trata sobre cómo aumentar el rendimiento de la calidad teniendo en cuenta el papel esencial que juega la conducta humana en los planes de calidad. Este libro describe cómo descubrirlo.

Mejora de la calidad e iniciativas de calidad

Cuando cambiamos nuestra forma de hacer las cosas, a menudo, nos acompaña la incertidumbre, la frustración y el deseo de volver a hacer las cosas como antes. Tanto en el trabajo como en nuestra vida privada, cambiar nuestro comportamiento no suele ser ni cómodo ni fácil. Hacer las cosas de manera diferente nos obliga a experimentar por una *curva de aprendizaje*, término que hace referencia a los obstáculos que encontramos y tenemos que superar cuando nos esforzamos por mejorar.

Lo que sentimos al hacer cambios en nuestra vida privada nos puede ayudar a hacernos una idea de lo que esperarnos cuando nos piden que cambiemos nuestro comportamiento en el lugar de trabajo, es decir, la forma en la que estamos acostumbrados a hacer las cosas. Cuando se trata de perder peso o comenzar a hacer ejercicio, nos encontramos con que hacer mediciones es esencial para estar comprometidos y motivados. Contamos calorías, el número de minutos o kilómetros que caminamos o corremos, registramos la cantidad de peso que levantamos para hacernos más fuertes o la cantidad de segundos que aguantamos un estiramiento cuando se trata de mejorar la flexibilidad.

La medición nos permite rastrear el cambio y nos proporciona una retroalimentación alentadora, información que nos motiva y nos mantiene en el camino. Al ver nuestra mejora nos da una buena sensación; estamos orgullosos de nuestro éxito. Si otros nos dan palabras de apoyo sobre nuestro progreso, esto nos hace estar aún más orgullosos y motivados para conseguir nuestra meta.

Lo mismos factores (medición, retroalimentación y refuerzo) a los que nos referimos como el *enfoque conductual* aseguran que las iniciativas de calidad sean implementadas con éxito y que los planes de mejora de calidad que estas proponen se ejecuten de manera efectiva. Estos factores se deben aplicar a los esfuerzos de los gerentes, supervisores y empleados de primera línea en el momento en el que intentan hacer cosas nuevas, tanto individualmente como en las actividades de equipo.

Lo primero que hay que tener en cuenta es que la formación por sí sola no garantiza que las nuevas técnicas se mantengan. El entrenamiento es el comienzo; el enfoque conductual refuerza el trabajo de los trabajadores midiendo su progreso, dando retroalimentación positiva para el cambio y el reconociendo su mejora.

1 APLICACIÓN DEL ENFOQUE CONDUCTUAL A LA CALIDAD

Muchas empresas utilizan una o más de las iniciativas más populares centradas en la calidad como Lean, Six Sigma y Manufactura de Clase Mundial. Tal vez su empresa haya invertido tiempo y esfuerzo en uno de estos enfoques, o haya utilizado una combinación ecléctica de estos y los haya ido reutilizando a lo largo del tiempo.

Nos podemos encontrar con una situación bastante común:

> Una fábrica de componentes industriales está experimentando una crisis en la calidad de las líneas de fabricación. Debido a un problema de calidad, se están devolviendo un gran número de componentes para que se modifiquen y los clientes están devolviendo algunas de las máquinas que ya se habían vendido. Las modificaciones, devoluciones y mantener la fidelización de los clientes han reducido el margen de beneficio y el fabricante está desesperado.

La empresa está aplicando Lean y una versión de Six Sigma, pero los recursos necesarios para la implementación de estos procesos se están agotando lentamente por varias razones y una de ellas podría ser las distracciones en cuestiones de calidad. Aunque algunos de los problemas de calidad están relacionados con equipos obsoletos y mal calibrados es evidente que el factor humano es la causa principal. Los operadores de máquinas no hacen su trabajo como esperan los gerentes y los supervisores se esfuerzan para cumplir con las expectativas estándar debido al número de interrupciones inesperadas en el ritmo de trabajo.

Si los directivos de esta fábrica de componentes observasen a los operadores mientras hacen su trabajo, verían que estos utilizan atajos de manera habitual que les permiten hacer el trabajo más rápidamente, ahorrar energía, y tomar descansos más largos. Este tipo de comportamiento no es raro en los empleados de primera línea y, por desgracia, aunque no sea de manera intencionada, puede tener un impacto negativo en la calidad.

La fábrica contrató a una consultora que, para identificar el problema, les propuso una estrategia centrada en el análisis del comportamiento de los empleados de primera línea durante su trabajo. Décadas de investigación y razonamiento sólido avalaban esta propuesta, pero los altos directivos rechazaron una solución tan simplista. Lo que sucedió después se repite con frecuencia en al mundo empresarial: los gerentes de las fábricas decidieron contratar a una gran consultora para que implementase el World Class Manufacturing.

Ahora se intentará implementar Six Sigma, Lean y Manufactura de Clase Mundial para tratar los síntomas pero sin llegar a la causa del problema: los trabajadores de primera línea no hacen cosas que deberían y están haciendo otras que no deberían. Por tanto, su comportamiento no es el adecuado para conseguir la excelencia en calidad. Muchas empresas suelen pasar por alto los aspectos relacionados con el comportamiento humano y buscan una solución más compleja que termina siendo mucho más engorrosa y que sigue sin abordar el tema de la conducta como el origen del problema.

Los autores cuentan con décadas de experiencia en lo que a la mejora de la conducta se refiere y han ayudado a muchas empresas a convertirse en muy competitivas y productivas y a que se mantengan en esa situación. Saben que la mayoría de los altos directivos a menudo se centran en el proceso y en el análisis estadístico; sin ver que los problemas de calidad se deben a algo tan básico como el comportamiento que los trabajadores de primera línea tienen en el trabajo. Esto puede distraer e influir negativamente en la toma de decisiones que afectan a la calidad. Por ejemplo, los gerentes pueden estar tan convencidos de que deben utilizar ciertas prácticas y herramientas de solución de problemas que su pensamiento se centra en estas y, al hacerlo, a menudo excluyen otras posibles soluciones. Cuando la única herramienta que una persona tiene es un martillo, todo comienza a parecerse a un clavo. En este libro, le ayudaremos a desarrollar las habilidades para plantear la gestión del lugar de trabajo de una manera mucho más flexible y eficaz.

¿Qué es un comportamiento?¿Qué entendemos por conducta?

La calidad es el resultado de lo que los empleados de primera línea hacen o dejan de hacer. Un método fiable para garantizar acciones orientadas hacia la calidad es crucial para el éxito en cualquier mercado competitivo. Si su empresa ha lidiado con problemas similares a los del fabricante de componentes, un enfoque centrado en la conducta será de gran ayuda.

La palabra *conducta* se refiere al comportamiento que una persona tiene cuando hace o dice algo. Un comportamiento puede ser físico o verbal y tan específico que se puede contar. El objetivo de todas las iniciativas de mejora de la calidad debería ser identificar específicamente las actividades (comportamientos) que un empleado de primera línea puede hacer para que mejore la calidad y, a continuación, verificar mediante mediciones que este comportamiento efectivamente ha llevado a una mejora.

El hecho es que los esfuerzos que se hacen en calidad tienen un punto débil y este es el comportamiento humano. Los expertos en calidad siempre han dicho «No es la gente; es el proceso». Lo que realmente quieren decir es: «No culpes a la gente por los defectos; arregla el proceso». Se trata de un buen consejo, pero incompleto. El enfoque conductual dice: «determina el proceso y desarrolla los comportamientos que se espera que las personas lleven a cabo en el proceso». Un proceso bien diseñado debe ser implementado por personas. Estas necesitan saber exactamente cuáles de sus comportamientos influyen más en el proceso y si los están aplicando correctamente.

Los procesos de mejora de calidad existentes a menudo no reconocen que el comportamiento humano puede causar un gran porcentaje de los problemas en la calidad. Cuando termine este libro, dispondrá de un conocimiento bien diferente acerca de cómo mejorar la calidad y la productividad de su empresa, y esto lo convertirá en un gerente más eficaz. Como gerente, no sólo lidera una empresa, emprende iniciativas de calidad o maneja resultados. De hecho, lo que hace es liderar el comportamiento del lugar de trabajo, ya sea manera intencionada o no. Cuando pueda controlar el comportamiento con precisión, entonces, será un líder de empresa y de iniciativas de calidad *eficiente*, y, de este modo, podrá mejorar los resultados.

Para mejorar la calidad, tenemos que perfeccionar los comportamientos que hacen que esta mejore. Para ello, tenemos que abordar un problema de comportamiento específico del lugar de trabajo que recibe el nombre de «*desviación de la conducta*».

Desviación de la conducta

Muchas empresas plantean que la solución más eficaz a los problemas de calidad consiste en identificar la mejor manera de llevar a cabo una tarea. Se supone que si se identifica la manera correcta de hacer un trabajo y, luego, se proporciona formación e instrucciones escritas (en forma de procedimientos o de trabajo estándar), entonces el trabajo se hará correctamente. La experiencia nos ha enseñado que esto no es del todo cierto. La presión (externa o autoinducida) a la que están sometidos los empleados de primera línea para producir más y más rápido, a menudo, los desvía de la forma estipulada en que se supone que deben hacer las cosas; se saltan pasos y añaden su propio toque personal al trabajo. Esto recibe el nombre de *desviación conductual*.

¿Por qué hacen eso? ¿Son malos empleados? No, simplemente personalizan su trabajo para ahorrar tiempo, energía y evitar la incomodidad inmediata. El ser humano tiene una tendencia natural a cambiar su comportamiento para que se adapte a la forma más fácil para completar una tarea. Algunos empleados de primera línea racionalizan su estrategia, ya que encaja en el marco de un proceso de fabricación ligero y no se dan cuenta de cómo su comportamiento afecta a la calidad del producto en la línea de producción. Modifican comportamientos que son necesarios para hacer su trabajo.

Una de las principales razones por las que muchos empleados de primera línea descuidan o evitan los procedimientos necesarios para mantener un esfuerzo de calidad se debe a que estos aumentan el tiempo y esfuerzo del trabajo que ya hacen y no se aprecia su valor. Muchos de estos procedimientos se perciben como demasiado aburridos o desafiantes o muchos empleados de primera línea no se sienten cómodos con los requisitos que se necesitan para hacer un trabajo de calidad.

Calidad Basada en el Comportamiento

Cuando el enfoque conductual se aplica sistemáticamente a la calidad, lo llamamos proceso de la *Calidad Basada en el Comportamiento*. La aplicación del enfoque conductual para mejorar el rendimiento humano no es un fenómeno nuevo. Con la aplicación del enfoque conductual se ha cumplido con los objetivos de rendimiento de muchas organizaciones y se han logrado resultados sólidos y centrados en la empresa. En cada caso, el cambio de comportamiento fue la clave para alcanzar objetivos de rentabilidad. Identificar y desarrollar comportamientos esenciales para la calidad es fundamental para la implementación y el mantenimiento de cualquier iniciativa de calidad y para llevar la calidad a un nivel excepcional. Estas son las herramientas esenciales del enfoque conductual utilizado en la Calidad Basada en el Comportamiento:

1. En primer lugar, identificar las conductas específicas y observables de los empleados de primera línea que están relacionadas con el rendimiento de baja calidad. Las principales causas de la mala calidad de un producto tienen un componente humano. Es necesario identificar los procedimientos fundamentales que los empleados de primera línea deben llevar a cabo para resolver el problema de la calidad planteado.

2. Seguidamente, comunicar la lista completa de los procedimientos de mejora de calidad que se hayan identificado en el paso 1 tanto a los particulares como a los grupos de trabajo de todas las instalaciones. Los individuos sabrán qué funciones son cruciales para mejorar la calidad del trabajo.

3. A continuación, crear una lista de control de los procedimientos que son efectivos para la calidad y utilizarla para recordarles a los trabajadores que son procedimientos prioritarios. Los supervisores y los empleados de primera línea tienen que revisar la lista de control con regularidad.

4. Hacer un seguimiento del comportamiento de los empleados de primera línea con la lista de verificación. Los compañeros y gerentes pueden hacer observaciones sobre los procedimientos que aparecen en lista y también se puede formar a los empleados de primera línea para que se autoevalúen.

5. Por último, recopilar y presentar los datos como retroalimentación para los empleados y directivos. Los empleados de primera línea establecen así los objetivos de mejora y los directivos proporcionan un refuerzo positivo por haber cumplido con tales objetivos.

Este enfoque se convierte en una fórmula universal para el éxito laboral de los empleados de primera línea: identificar los comportamientos clave vinculados a la mejora de calidad; proporcionar expectativas claras; incluir listas de verificación para los empleados para que puedan asegurarse de que aplicarán esos procedimientos como se indica y cuando sea necesario; observar el comportamiento para garantizar que se ejecuta adecuadamente y proporcionar asesoramiento mediante refuerzo positivo y retroalimentación positiva tanto por la mejora como por el cumplimiento de los objetivos.

La Calidad Basada en el Comportamiento tiene que ver directamente con temas relacionados con el cambio de comportamiento y con optimizar un plan de mejora de la calidad identificando exactamente qué procedimientos tienen que llevar a cabo los directivos y empleados de primera línea para aplicarlo al trabajo diario y asegurarse de que los trabajadores reciben la retroalimentación y refuerzo positivo por ello. Normalmente, en la mayoría de los esfuerzos de mejora de calidad, la retroalimentación y el refuerzo por haber aplicado las nuevas iniciativa y haber llevado a cabo con éxito su trabajo no son el centro de atención. La Calidad Basada en el Comportamiento aporta este componente conductual tan importante para mejorar los resultados.

Cuando el enfoque conductual se integra con éxito en iniciativas de rendimiento empresarial se logran resultados notables. Un ejemplo de ello es el siguiente, extraído de nuestra experiencia como consultores:

- El aumento de los **índices de aprobación** del servicio al cliente de un 73 por ciento a 96 por ciento.

- Ahorro de 30 millones de dólares en **gastos de fabricación** en poco más de un año.

- **Ahorro** de 750.000 dólares de gastos debidos a errores de contabilidad en seis meses.

- Se logró una **mejora** del 98 por ciento en los códigos y comandos de precisión en el desarrollo de software.

- Se logró una **mejora** del 30 por ciento en los gastos de compra del departamento de fabricación.

- **Reducción del consumo de combustible** en una compañía de camiones de 10.000 galones por mes y la asombrosa reducción del coeficiente de explotación del 83,3 por ciento en esa empresa.

- Se logró una **eficiencia** del 99,87 por ciento en el transporte de aviones.

- Se consiguió **ahorrar** más de medio millón de dólares en un plazo de seis meses gracias a la reducción del uso de energía en una planta de fabricación.

- Una planta de fabricación pasó del último al primer lugar en la **reducción de costos** en comparación con otras 99 instalaciones de fabricación.

- **Reducción de una lista de pedidos de ventas atrasados** de 20.000 clientes a 500 en seis meses, mientras se daba servicio a una cartera de clientes en constante crecimiento.

- Una cadena de tiendas pasó del último lugar al primer lugar en el **servicio al cliente** en una empresa con más de 300 tiendas.

- Reducción de la producción de pantallas de televisión de **mala calidad** del 4 por ciento a 0.20 por ciento.

- **Reducción de errores de selección** de un 3 por ciento a menos del 0,5 por ciento en un gran centro de distribución

- **Reducción de la reelaboración** de montaje de automóviles en un 15 por ciento.

La Calidad Basada en el Comportamiento consiste específicamente en la aplicación de un enfoque conductual al comportamiento de los empleados de primera línea. Lo positivo de este proceso es que se incorpora fácilmente a cualquier iniciativa importante de la calidad que ya esté en marcha. Sondear el comportamiento específico de los empleados que provoca resultados de mala calidad será de gran ayuda para el proceso de mejora de la calidad de su empresa.

¿Por qué es necesario mejorar los comportamientos de la calidad?

Los planes de mejora de calidad pueden optimizar directamente la rentabilidad de una empresa reduciendo el costo de la mala calidad. Normalmente, se estima que este supone entre un cinco y 30 por ciento de los ingresos, o de 25 a 40 por ciento de los gastos de explotación, debido a la gran cantidad de gastos visibles u ocultos originados por la mala calidad (desechos, reelaboración, reparación, devoluciones, gestión de quejas, gastos de garantía y así sucesivamente). Por lo tanto, la implementación de planes de mejora de la calidad de manera efectiva y permanente, con una alta participación de los empleados desde el principio, es esencial para el éxito empresarial.

Las compañías no pueden darse el lujo de no reducir los costos de una mala calidad y si el equipo operativo no acoge el plan de mejora de calidad o no logra mantener sus ganancias iniciales después de seis meses o un año, todo ello se suma al costo de la mala calidad. No sólo no logran reducir los costos de la mala calidad, sino también incurren en gastos de implementación inicial (una pérdida) y gastos de re-implementación (una pérdida adicional).

Muchos de los grandes esfuerzos de mejora de la calidad se encuentran con dificultades en el momento de la entrega de resultados. Näslund (2013) pone de relieve algunos de los problemas que se dan en este tipo de esfuerzos:

> Un artículo del *Wall Street Journal*, a partir de un estudio de cinco años, declaró que Six Sigma no produce los resultados deseados el 60 por ciento de

las veces (Chakravorty, 2010). Del mismo modo, Soti et al. (2010) afirman que muchas empresas no han podido obtener los resultados esperados de la metodología Seis Sigma que, a menudo, acapara valiosos recursos de la compañía. Algo parecido ocurrió en los sistemas de producción llamados Just-In-Time (Justo a Tiempo, JIT) en la década de 1990 y también comienza a haber informes sobre Lean (Romero y Wempe, 2009; Chakravorty, 2010). Una encuesta realizada por *Industry Week* señaló que sólo el 2 por ciento de las empresas con programas de Lean alcanzaron los objetivos marcados previamente, mientras que el 74 por ciento no estaba progresando correctamente con Lean (Pay, 2008). Farris et al. (2008) afirman que la mayoría de las descripciones de Kaizen de éxito se basan en evidencias anecdóticas.

En el comienzo de una gran iniciativa de calidad, la atención de la administración y las actividades novedosas crean interés en torno a la ejecución de procesos como Lean o Six Sigma. Más tarde, la atención de la administración señala otras prioridades y los intereses de los empleados de primera línea comienzan a alejarse.

La razón principal de esta distracción es que la mayoría de las iniciativas de Lean y Six Sigma no incluyen retroalimentación positiva continua ni refuerzo por la mejora y el éxito obtenidos en la aplicación de los elementos fundamentales de estos procesos. Los planes de acción de Lean y Six Sigma no incluyen formas de proporcionar retroalimentación específica en lo que a conducta se refiere ni reconocimiento a los empleados por llevar a cabo las nuevas tareas y nuevos procedimientos en los procesos recién diseñados.

Los planes de calidad normalmente se centran en el análisis y diseño de procesos de trabajo, pero no en lo que la gente tiene que hacer para desarrollarlos correctamente. Si los profesionales de calidad incluyeran herramientas de tipo conductual en sus planes a la hora de analizar y diseñar procesos de trabajo, estos se verían muy beneficiados. Nos encontramos con estas tres razones por las que no lo hacen:

1. **Consideran las iniciativas de calidad y los diseños como algo global**. Los diferentes movimientos relacionados con la calidad han acumulado una gran variedad de metodologías. Por ejemplo, el *The Lean Six Sigma Pocket Toolbook* (George, Maxey, Rowlands, y Price, 2004) contiene cerca de 100 herramientas y métodos. No obstante, la enorme colección de herramientas, modelos, formas, fórmulas, acrónimos y nombres japoneses puede hacer que los profesionales de calidad se relajen y crean que cada elemento de actuación está dirigido por una u otra de las muchas metodologías de calidad. Desafortunadamente, la mayoría de los planes de calidad se centran en el análisis y diseño, y unos pocos están diseñados para mantener el rendimiento. Sin embargo, ninguno de ellos analiza los comportamientos que son fundamentales para la calidad. Los textos de calidad indican que los procesos deben ser constantes y controlados, pero dicen poco acerca de cómo hacerlo.

2. **Delegan las iniciativas en los gerentes**. Normalmente un equipo especializado en mejora es el que aplica las iniciativas de calidad. Este estudia un problema, diseña contramedidas y le devuelve el plan final al responsable del proceso. Muchas directrices de calidad terminan con la siguiente instrucción para el equipo de mejora: «Se entregará el proceso mejorado a su responsable que lo pondrá en práctica y lo incorporará al trabajo diario». Se parte de la suposición de que tanto el responsable del proceso como

los administradores y supervisores sabrán cómo fomentar las nuevas conductas deseadas de los empleados de primera línea necesarios para llevar a cabo un proceso con éxito de manera constante. En lugar de abandonar a los directivos a su suerte sobre cómo aplicar un nuevo proceso al funcionamiento normal y desarrollar prácticas de gestión eficaces, se debe especificar el uso de un enfoque conductual.

3. **Cuentan con el respaldo de la cultura.** Todos los movimientos de calidad exigen que los directivos creen una cultura que institucionalice la calidad en la organización. Pero, ¿cómo puede una compañía crear una cultura de apoyo a la calidad? A menudo este punto se les deja a los ejecutivos. El enfoque conductista considera que la cultura consiste en las conductas que una compañía mantiene mediante la retroalimentación y el refuerzo positivo. En lugar de contar con una cultura creada por los ejecutivos, los defensores de calidad sólo necesitan el apoyo ejecutivo para que proporcionen retroalimentación y reconocimiento cuando muestren las conductas necesarias para la calidad en cada proceso.

¿Por qué los directivos y empleados de primera línea tienen que aprender a identificar las conductas adecuadas para la calidad? Porque tendemos a pensar sobre la conducta humana y a hablar de ella con palabras que describen en términos generales lo que los empleados de primera línea deberían hacer para mejorar su trabajo. Todos hemos escuchado a directivos utilizando estas expresiones para incitar a la empresa a obtener mejores resultados: «¡Desarrollad el sentido de lo urgente!» «¡Desarrollad una actitud de calidad!» «¡Sé más consciente!» Muchos de estos mensajes resultan ambiguos y es una cuestión de perspectiva. Lo más importante es que ninguna de estas descripciones resultan útiles a la hora de proporcionar a los empleados de primera línea una retroalimentación positiva y un refuerzo por la mejora.

El beneficio que se obtiene por aplicar el enfoque conductual es mucho mayor que el que se puede lograr con cualquier otra iniciativa de empresa. El enfoque conductual infunde una nueva mentalidad a la hora de describir los éxitos o los fracasos del trabajo de los empleados de primera línea. Cuando los directivos ayuden a inculcar los comportamientos específicos que ellos esperan, será más fácil que los empleados de primera línea logren con éxito los resultados esperados.

Al utilizar el enfoque conductual, los directivos es probable que desarrollen el hábito de preguntarse: «¿Qué hace un empleado de primera línea **comprometido con la calidad**? ¿Su comportamiento me dice si está entregado a su trabajo?» Si un empleado de primera línea le pregunta: «Jefe, ¿qué quiere que haga para demostrarle que estoy comprometido con la calidad? » el supervisor o directivo sabrá exactamente cómo responder.

¿Qué hemos aprendido en este capítulo?

1. Que las iniciativas más populares de mejora de calidad no consiguen de manera consistente los resultados esperados, en cuanto a mejora se refiere, en un gran porcentaje de las empresas en las que estas iniciativas se desarrollan.

2. El enfoque conductual tiene un sólido historial de éxito en cuanto a mejora del rendimiento.

3. Dado que los profesionales de calidad no comprenden los principios que rigen la conducta humana y no los aplican, en las iniciativas de mejora no se incluyen soluciones relacionadas con este aspecto. Los principios de la conducta humana explican cómo

a. aumentar la frecuencia de una conducta positiva y productiva.

b. disminuir la frecuencia o detener la ejecución de un comportamiento ineficaz o incorrecto.

c. animar a alguien para llevar a cabo un nuevo comportamiento y mantenerlo.

4. El enfoque conductual incluye lo anterior y enseña a la empresa cómo desglosar los objetivos del complejo rendimiento humano en comportamientos precisos, observables y medibles.

5. Convertir los requisitos para la mejora de la calidad de los empleados de primera línea en comportamientos observables y medibles permite a los directivos proporcionar a estos últimos comentarios y refuerzo positivo por la mejora y por mantener esas conductas. De este modo se crea una cultura de gestión positiva y motivadora.

2 DEFINICIÓN DE LAS CONDUCTAS QUE IMPULSAN RESULTADOS DE CALIDAD

En el primer capítulo hay varios puntos clave que ayudan a explicar por qué las iniciativas de mejora de calidad no logran alcanzar totalmente los resultados esperados y también por qué a menudo no logran mantener las mejoras. El factor más importante que causa este fracaso es que ninguna de las iniciativas más populares de calidad aplica un enfoque sistemático para abordar el comportamiento relacionado con la calidad.

Una de las razones por las que las iniciativas de calidad más populares no abordan el comportamiento deriva de la forma en que las personas suelen describir el rendimiento. La mayoría de la gente asume que la palabra comportamiento se refiere a rasgos de personalidad, a características o atributos en vez de a acciones específicas. Muchos consideran que la expresión «mala actitud» se corresponde con la descripción de un comportamiento. Ninguno de los procesos de mejora de la calidad habidos hasta el momento proporciona herramientas para mejorar una mala actitud.

Por desgracia, lo más frecuente es que las empresas motiven a sus empleados con objetivos para mejorar el rendimiento un poco confusos como: «¡Siéntete orgulloso de tu trabajo!» «¡piensa que tú puedes hacerlo!» O «¡Ten un mayor sentido de urgencia!» Los altos directivos también asesoran de manera confusa al resto de directivos con expresiones como «Juega en equipo» o ««Sé una persona sociable», o «Acoge el cambio». Pensándolo bien, puede ser que con estas expresiones le estén diciendo que cambie su forma de trabajar, pero las sugerencias no dicen claramente cómo hacerlo. Cuando a alguien se le dice, «Sé una persona emprendedora», será más fácil que lo consiga si el consejo viene acompañado por una lista de comportamientos propios de una persona emprendedora. Si bien este tipo de comentarios son para motivar a los trabajadores para que mejoren, a menudo suenan como críticas y acusaciones personales y no consiguen acelerar el rendimiento.

La sabiduría popular asume erróneamente que estas directrices confusas son «comportamientos», pero no es así. Expresiones como las vistas anteriormente y las instrucciones de mejora parecen implicar que algún aspecto de la personalidad del empleado de primera línea actúe como un obstáculo para conseguir un rendimiento óptimo, aunque esto muy rara vez es cierto. Lo que resulta aún más problemático con respecto a la repetición de estos tópicos es que cuando los directivos culpan o etiquetan a un empleado de primera línea de no tener la actitud correcta, orgullo o sentido de urgencia, se crea un problema que no puede ser abordado de manera sistemática por los directivos, supervisores, o por el empleado de primera línea en cuestión.

Imagine que se está dando un problema de rendimiento de trabajo porque no se ha formado correctamente y el supervisor dice: «¡Bueno, es mejor que empiece a hacer su trabajo!». En ese momento, el empleado probablemente se sienta culpable y el directivo puede pensar que ha contribuido a ello pero no muestra mayor responsabilidad. El problema queda sin resolver, y ahora el empleado de primera línea, confundido y frustrado, puede empezar a desconectarse. Este tipo de expresiones que culpan al empleado de primera línea tienen su origen en la Revolución Industrial. Para los directivos y supervisores, que tratan de trabajar con empleados de primera línea con el fin de mejorar una «mala actitud» resulta imposible. Es como si el empleado de primera línea hubiese nacido con esa aflicción. Queremos cambiar estas viejas prácticas problemáticas y empezar directamente a tomar medidas en el lugar de trabajo que sean eficaces para la producción.

Detección de una conducta

Detectar una conducta en el enfoque conductual es un proceso para convertir los objetivos de rendimiento que sean confusos en comportamientos observables y concretos. Estamos usando el término detección para referirnos a conductas laborales concretas, de este modo se podrá medir exactamente qué tipo de efecto tiene sobre el proceso y el producto.

Las expresiones que han aparecido en la última sección y que hacían referencia a la actitud, a la urgencia y al orgullo de los trabajadores no llevaban a acciones mensurables. Se trataba de descripciones superficiales de lo que los empleados de primera línea debían hacer. Los directivos tienen un problema parecido con las órdenes imprecisas y muy generales que les dan, con frecuencia, los gurús de la calidad: «Desarrolla una actitud de calidad» o «Crea una cultura de calidad». Muchos dirían «Bueno, eso es fácil, sólo hay que formar a los empleados de primera línea para que trabajen en pos de la calidad». ¿Qué significa eso exactamente? Pues, si no puede ser concreto, significará una cosa diferente para cada persona y resultará muy difícil compaginar los diferentes significados.

Se supone que con la formación se les enseña a los empleados de primera línea cómo realizar su trabajo a un nivel que sea cuantificable. En otras palabras, la formación tiene como objetivo instruir a la gente para que desarrolle conductas de trabajo adecuadas; sin embargo, no garantiza que los trabajadores mantengan esas conductas de manera constante. Durante décadas, las grandes empresas y directivos industriales se han basado en la formación para crear mejoras y cambios. La formación es sin duda un ingrediente necesario para transmitir qué comportamiento quiere la empresa que se dé que se en el trabajo, pero no lo asegura. Tampoco el reciclaje sobre cambios de procesos asegura que el empleado de primera línea adopte y siga constantemente el nuevo comportamiento deseado. La capacitación se limita a indicarles la dirección del cambio y la mejora a quienes se están formando.

Un directivo puede plantearse la pregunta siguiente: «¿Quiere decir que está mal que les pida a mis empleados de primera línea que se comprometan con la calidad?» Por supuesto que no, siempre y cuando les diga lo que tienen que hacer para demostrar ese compromiso. Los empleados de primera línea deben estar informados sobre las acciones y los comportamientos que necesitan llevar a cabo para realizar un trabajo de calidad.

Algunos ejemplos de comportamiento en pos de la calidad podrían ser los siguientes:

- El empleado de primera línea comprometido con la calidad llegaría a su puesto de trabajo unos minutos antes de que su turno comenzara para evaluar el área de trabajo. Se aseguraría así de que el turno anterior no le ha dejado ningún problema de limpieza.

- Verificaría dónde están las herramientas y se aseguraría de que estuviesen todas en su sitio.

- Comprobaría su máquina y el estado de la línea para ver si el producto que saldría más adelante está en condiciones.

- Comprobaría los contenedores o estantes donde guarda su material de trabajo para asegurarse de que tiene todo lo que necesita y verificaría que el turno anterior ha rellenado correctamente los documentos necesarios.

- Un empleado de primera línea comprometido con la calidad informaría a su supervisor si viera algo que pudiera afectar negativamente a su rendimiento y / o al producto.

- Asimismo, sería proactivo en la anticipación de situaciones que supusiesen un problema de calidad, aunque fuera más allá de su área de responsabilidad.

- Si otro empleado se quedara atrás, un empleado comprometido con la calidad proporcionaría asistencia si es posible.

- Si escuchara cualquier ruido en los equipos que indicaran un problema potencial, se lo diría a su supervisor.

- Si el equipo necesitara recalibración, se lo comunicaría voluntariamente a su supervisor o al encargado de mantenimiento, e informaría a su supervisor sobre cualquier material de calidad inferior que se encontrara en sus contenedores o en los estantes.

- El empleado de primera línea comprometido con la calidad daría ideas o información para resolver un problema de calidad o mejorar la calidad.

- Él o ella hablaría con el supervisor sobre cualquier cuestión que pudiera influir negativamente en la calidad de la producción.

- El empleado de primera línea comprometido con la calidad participaría de manera voluntaria en las reuniones sobre mejora de la calidad y aportaría ideas para la mejora siempre que fuera posible.

Estos son ejemplos de algunas de las cosas que harían los empleados de primera línea comprometidos con la calidad. Así que si un empleado le dijera a su supervisor: «El gerente de planta ha dicho que necesitamos desarrollar un compromiso con la calidad; ¿qué es lo que quiere que hagamos? » El supervisor podría decir: «Bueno, te puedo dar algunos ejemplos de lo que veo en empleados comprometidos con la calidad».

1. Llegar al puesto de trabajo unos pocos minutos antes para hacer una verificación física de la condición del puesto de trabajo.

2. Comprobar dónde están las herramientas.

3. Comprobar que el área esté limpia y si el turno anterior dejó el lugar en buen estado para el siguiente turno.

4. Buscar en las gavetas y comprobar los estantes para asegurarse de que tienen todos los materiales necesarios.

5. Revisar el equipo para asegurarse de que está listo para comenzar.

6. Verificar la exactitud e integridad de los documentos necesarios para el turno, y si el operador anterior escribió un comentario sobre cualquier cosa que pueda crear un problema.

7. Ofrecer cualquier información al supervisor que pueda contribuir a prevenir un posible problema en el turno.

8. Ofrecer ayudar a los empleados de primera línea cuando tienen un problema que va a influir en la calidad de la producción.

9. Informar al supervisor o al encargado de mantenimiento sobre cualquier ruido extraño que indique que está habiendo un problema en los equipos.

10. Informar al supervisor si el equipo necesita recalibración.

11. Hablar con el supervisor de la existencia de material de baja calidad en los contenedores o en los estantes.

12. Dar ideas sobre mejora y problemas potenciales de manera voluntaria.

13. Participar en reuniones y debates de mejora de calidad de manera voluntaria.

Estos ejemplos muestran de qué manera directrices tan generales como «¡Demuestra tu compromiso!» se pueden convertir en comportamientos observables y cuantificables que pueden utilizarse como retroalimentación para ayudar a los empleados de primera línea a gestionar la mejora de calidad. Tales medidas conductuales también proporcionan al supervisor datos fidedignos que puede utilizar para proporcionar refuerzo positivo.

El ejemplo de «¡Demuestra un poco de compromiso!» es similar a otras instrucciones ambiguas que se han utilizado durante décadas para exhortar a los empleados de primera línea a trabajar mejor: «Muestra cierto entusiasmo», «Sé más consciente» y «tómate las cosas en serio». Estas frases y las mencionadas en las secciones anteriores frustran a quien las oye. Da la sensación de que se les está criticando por «quiénes son» más que por «lo que hacen». La Calidad Basada en el Comportamiento pretende arreglar esto.

Si los gerentes y supervisores entienden cómo convertir tales sugerencias en conductas deseadas observables, entonces los empleados de primera línea podrán disponer de una lista de cosas que pueden hacer para cumplir con las expectativas de rendimiento.

La identificación de los comportamientos específicos que causan un problema de la calidad

Descubrir las causas de un comportamiento es como descubrir una nueva veta de oro en una mina que pensabas que ya había sido explotada. Es como hacer una investigación forense sobre la conducta para descubrir uno o varios comportamientos que conducen a un resultado de baja calidad un producto o servicio.

Los problemas de calidad no solo se deben a lo que ha hecho un empleado de primera línea, sino también a lo que no ha hecho. Por ejemplo, un empleado de primera línea puede no haberle dicho al supervisor que el equipo no está calibrado y por lo tanto crear variaciones en el producto. Otro empleado puede fallar a la hora de avisar al capataz de que los materiales que se están utilizando para hacer el producto tiene algunos defectos. A menudo los empleados de primera línea ven que llegan productos de mala calidad a su puesto de trabajo y no lo notifican. Por desgracia, el producto con un defecto de calidad a menudo sigue adelante. El no realizar una conducta que ayudaría a eliminar productos de mala calidad es una ocurrencia común. Muchos empleados de primera línea se saltan los comportamientos en la secuencia de trabajo o realizan los comportamientos en la secuencia errónea.

Cuando esto sucede, la pregunta que siempre se hace es: «¿Por qué no se lo comunicaron a alguien que pudiese haber ayudado a corregir y prevenir este problema?» A menudo, la velocidad de producción es una prioridad. Cualquier cosa que disminuya la velocidad hace que le llamen la atención al trabajador. Durante la supervisión, el empleado, e incluso otros empleados, puede provocar una reacción que consista en miradas de frustración e impaciencia. Puesto que no le gusta este tipo de consecuencia negativa, puede que elija no notificar los defectos de los productos.

En las empresas de calidad consolidada, se anima a los empleados de primera línea a señalar cualquier problema que pueda influir en la calidad del producto, y hacer esto hace que sus compañeros y supervisores le den un refuerzo positivo.

Considere el siguiente ejemplo que se produjo en una planta de fabricación de acero. Para determinadas tareas de alta calidad, los soldadores tienen que estar formalmente cualificados y pasar un examen para realizar diferentes tipos de soldaduras. Las cualificaciones tenían plazos; cada soldador tenía un conjunto individual de cualificaciones de soldadura, cada uno con su propia fecha de vencimiento. Puede pasar que un mismo día la calificación de un soldador se actualice y la de otro soldador caduque. Una inspección de la calidad de una soldadura incluye comprobar las cualificaciones del soldador. Si un soldador no cualificado, o cuya cualificación ha expirado, ha hecho una soldadura, esta se considerará defectuosa aunque esté bien hecha. Las soldaduras defectuosas se tuvieron que quitar y volver a soldar.

Se guardó una copia impresa de la lista de las cualificaciones de los soldadores:

- Uno de los comportamientos cruciales para la calidad era que cada soldador revisara la lista de soldaduras para confirmar que la cualificación del trabajador para ese tipo de soldadura estaba al día antes de empezar a soldar.

- Otro comportamiento fundamental para la calidad era que cada soldador verificara las cualificaciones de cada uno en la lista de soldadura (revisión entre pares).

Se les recordó periódicamente la importancia de estar cualificado para cada tipo de soldadura. No obstante, en ocasiones hubo problemas de cualificación que originaron defectos y la necesidad de refundir piezas. ¿Por qué los trabajadores no comprueban la lista de soldaduras? Algunos gerentes se quejaron de que los soldadores eran perezosos, descuidados o mostraban poca ética laboral. Pero desde una perspectiva conductual no había ninguna razón para pensar que los empleados de primera línea eran así.

En el centro de estas cuestiones de comportamiento se encontraba el hecho de que los soldadores que trabajaban en otros entornos con estándares de calidad menos rigurosos no estaban acostumbrados a revisar las cualificaciones antes de realizar el trabajo. Estos soldadores solían centrarse en el acto de soldar, no en la revisión de documentos. Comprobar la lista de soldadura suponía un esfuerzo añadido. Otros soldadores confiaban en lo que recordaban de la última vez que los revisaron. El problema real en esta situación era que no había un sistema de observación y de retroalimentación que asegurara que los empleados de primera línea habían cumplido con las expectativas.

Los empleados de primera línea a menudo aplican procedimientos de una forma diferente a lo especificado en el estándar de trabajo. Para ahorrar tiempo, energía, y el malestar real o supuesto, a veces los empleados de primera línea se desvían del procedimiento formal. Las variaciones que aparecen en los productos debido a este cambio del comportamiento no se detectan hasta después de la fabricación o hasta que las descubre un cliente.

Los empleados de primera línea que no cumplan con las expectativas de trabajo pueden causar numerosos problemas de calidad. Hay muchas razones por las que esto podría ocurrir. A veces se trata de un problema de formación o de un mal entendido por su parte. O también puede ser que hayan entendido la tarea solo parcialmente y la lleven a cabo dándole su toque personal por temor a quedar como estúpidos si piden ayuda. Esto apunta a un problema de comportamiento. El «Hacerlo de la manera equivocada», que a menudo hace referencia a un «no seguir el procedimiento» es una de las causas más comunes de un rendimiento de mala calidad. El rendimiento de escasa calidad conduce al rechazo y a la devolución del producto por parte el cliente.

En resumen, los empleados de primera línea influyen en la producción de mala calidad cuando

1. dejan de hacer o decir algo que evitaría la mala calidad;

2. cambian una o más conductas de trabajo;

3. dejan de ejecutar las conductas de trabajo esperadas;

4. realizan conductas de trabajo de forma incorrecta.

En la mayoría de los casos, los comportamientos específicos que un empleado de primera línea hace o deja de hacer son bastante fáciles de descubrir, ya sea mediante preguntas u observación directa. En cada grupo de trabajo, muchos comportamientos son fundamentales para garantizar la calidad del producto. Los departamentos o grupos de trabajo rara vez detectan esos comportamientos. La publicación de gráficos de medidas de comportamiento en un tablero para que todos puedan ver es una manera de hacer que todos se centren en los comportamientos esenciales a los que hay que prestar atención a esa semana, mes o siempre. Las conversaciones sobre qué procedimientos son fundamentales para la calidad son más instructivas y productivo que instruir a los empleados de primera línea con expresiones del tipo «¡Asegúrese de que hace esto!».

Es frecuente que un grupo se reúna durante una hora para identificar los comportamientos cruciales para la calidad y que de inmediato los usen para crear una lista de verificación de procedimientos para que cada empleado de primera línea la pueda utilizar con el fin mejorar los comportamientos relacionados con el problema.

Esta inmediatez no se da en los análisis de fallos de calidad actuales. Un enfoque basado en la Calidad Basada en el Comportamiento puede hacer que los empleados de primera línea ahorren tiempo de resolución de problemas fuera del trabajo, resuelvan los problemas con mayor rapidez y, con frecuencia, que se elimine la necesidad de soluciones de ingeniería más costosas. Además, se ahorra dinero en comparación con los largos procesos de formación de calidad como Six Sigma y Lean. El costo de la aplicación de la Calidad Basada en el Comportamiento puede ser una décima parte del costo de otros procesos de mejora de la calidad (y producir beneficios mucho mayores).

Un beneficio adicional es que la Calidad Basada en el Comportamiento no entra en conflicto con otros métodos de ingeniería y estadística. La Calidad Basada en el Comportamiento puede ayudar a mejorar, rejuvenecer, y mantener los procesos de calidad existentes.

¿Qué hemos aprendido en este capítulo?

1. Que los rasgos de personalidad, características o atributos no son comportamientos. Para cambiar el comportamiento es importante convertir frases que hacen referencia a los rasgos o etiquetas, como «Sé una persona emprendedora», en comportamientos (acciones observables) que la persona realmente puede hacer.

2. La identificación es un proceso de transformación de objetivos de rendimiento superficiales en comportamientos observables y discretos. Se refiere a definir con precisión las conductas de trabajo que se pueden observar y contar.

3. Una vez que se identifican las conductas de trabajo clave, se puede observar si estas se están dando. Los resultados de

calidad pueden verse afectados por los siguientes comportamientos de los empleados de primera línea:

a. dejar de hacer o decir algo que evitaría la mala calidad;

b. cambiar una o más conductas de trabajo en el proceso de calidad

c. dejar de ejecutar las conductas esperadas de trabajo;

d. realizar conductas de trabajo de forma incorrecta.

3 EL EQUIPO DE ACCIÓN DE CALIDAD: PRIMEROS PASOS

Uno de los primeros pasos de la Calidad Basada en el Comportamiento es identificar al equipo de personas que se va a encargar de guiar su implementación. Un Equipo de Acción de Calidad siempre se forma al comienzo de cada implementación de la Calidad Basada en el Comportamiento. Es esencial que los miembros del equipo estén interesados y entusiasmados con la promoción de la mejora de calidad. Si se seleccionan las personas adecuadas para ese equipo, motivarán al resto de empleados de primera línea con entusiasmo y crearán expectativas positivas para el proceso. Cada miembro del Equipo de Acción de Calidad debe estar interesado en la mejora de la calidad y sentirse cómodo trabajando con otros para identificar problemas e implementar soluciones.

Nuestra experiencia indica que cualquier esfuerzo sistemático de mejora de la calidad en una empresa debe contar con el apoyo y la participación del gerente para tener éxito. El **apoyo** del gerente se menciona con frecuencia como algo vital en iniciativas de mejora de la calidad, pero no aparece una definición clara de lo que ese **apoyo** significa. Lo que se espera que hagan los gerentes para demostrar el apoyo no se describe con precisión. El Equipo de Acción de Calidad puede resolver este problema de dos maneras. En primer lugar, en el Equipo de Acción para la Calidad habrá al menos un gerente de nivel superior con un sólido conocimiento de los recursos de la organización y el proceso para la creación de apoyo para el cambio en el nivel de los altos directivos. En segundo lugar, el Equipo de Acción de Calidad trabajará con todos los niveles de gestión para identificar y comprometerse a realizar las conductas específicas que requieren los administradores para demostrar visiblemente el apoyo y la participación.

Selección del Equipo de Acción de Calidad

Involucrar a los empleados de primera línea en un proceso de mejora de la calidad de la empresa aumenta la implicación y el apoyo por parte del empleado de primera línea. El Equipo de Acción de Calidad fomentará la participación de los empleados de primera línea al seleccionar a sus miembros de una sección transversal de departamentos, grupos de trabajo y niveles de gestión. La mezcla de la representación laboral se selecciona cuidadosamente para asegurar que el Equipo de Acción de Calidad tiene credibilidad con los empleados de primera línea.

Una pregunta importante es: «¿Quién elige a los miembros del Equipo de Acción de Calidad?» La respuesta es: el primer miembro será la persona que inicia una implementación de una Calidad Basada en el Comportamiento en un lugar determinado; este tendrá la autoridad de gestión para crear el equipo. Este primer empleado de primera línea puede ser alguien que ya esté implementando una iniciativa de calidad y que, después de leer este libro, reconozca los beneficios de aplicar soluciones relacionadas con la conducta para lograr y mantener mejores resultados. O un líder de un Equipo de Acción de Calidad que se dé cuenta de lo importante que es descubrir que el comportamiento se encuentra en el origen de muchos problemas, e influir en la conducta de los empleados de primera línea para que consigan una mayor calidad.

Si un supervisor de primera línea reconoce el valor de los conceptos presentados aquí, podrá despertar el interés de sus compañeros pasándoles el libro y dialogando con ellos y con los responsables de la toma de decisiones. El supervisor también podría pasarle el libro a un defensor de calidad ya activo o a un alto directivo con un historial de interés por la mejora de la calidad.

Si un directivo de alto nivel leyera este libro, podría pedirles a otros gerentes que leyeran el libro también y desarrollaran un consenso para avanzar. A continuación, podrían seleccionar a la primera persona miembro del Equipo de Acción de Calidad que sería un defensor de la mejora de la calidad y que trabajaría con los gerentes para seleccionar al resto de miembros del equipo con el fin de crear una dinámica de equipo positiva necesaria para iniciar, implementar y sostener la Calidad Basada en el Comportamiento en toda la empresa. El Equipo de Acción de Calidad debe tener una gestión de carácter transversal y empleados de primera línea de varias funciones.

El tamaño del Equipo de Acción de Calidad será determinado por el tamaño del sitio. El número de miembros varía, pero según nuestra experiencia debería tener más de 10 miembros. Un equipo de seis a ocho miembros suele ser eficaz. Si usted tiene una cantidad extremadamente grande de plantas con muchas áreas funcionales, considere la posibilidad de crear un Equipo de Acción de Calidad adicional. El número de equipos de acción de calidad no es tan importante como el hecho de que dos o más equipos de acción de calidad se comuniquen entre sí y compartan información y prácticas. Cada grupo tiene que compartir sus aprendizajes importantes.

Cuando un Equipo de Acción de Calidad resuelve un problema de calidad, los otros grupos deben tener acceso a los detalles.

Otros factores a tener en cuenta en la selección de los miembros del Equipo de Acción de Calidad son los siguientes:

- Las buenas habilidades de comunicación, especialmente la capacidad de tener debates lógicos, expresar opiniones claras, escuchar a los demás, y fomentar las aportaciones positivas

- El conocimiento de las iniciativas existentes de calidad y prácticas de mejora de la calidad

- El conocimiento práctico y sólido del proceso de producción y funciones de los departamentos

- El interés en la promoción de cambios positivos y marcar la diferencia en calidad

- La buena disposición para hablar delante de sus compañeros y directivos

- El liderazgo natural y capacidad de trabajar con eficacia dentro de un equipo de alto rendimiento

- Tener credibilidad entre sus pares y los gerentes

No es necesario que un candidato tenga todas estas características, pero esta lista ofrece algunas orientaciones para decidir qué empleado de primera línea puede unirse al equipo. Los candidatos que estén interesados en mejorar la calidad y que disfrutan con la resolución de problemas de equipo serán buenos voluntarios. Nuestra experiencia en la formación de comités para las intervenciones basadas en comportamiento es que los miembros voluntarios suelen ser más entusiastas y productivos que los asignados.

Aprobación del Equipo de Acción de Calidad

Una vez que los miembros han sido seleccionados, el Equipo de Acción para la Calidad establecerá reglas básicas de encuentro y elaborarán un acuerdo sobre el propósito y los objetivos del equipo. Si los miembros del Equipo de Acción de Calidad tienen experiencia previa en la resolución de problemas en grupo, no será necesario que dediquen mucho tiempo al establecimiento de normas. Sin embargo, ciertos principios deben quedar claros: el proceso de votación para tomar decisiones; la toma de turnos para comentarios o preguntas y permitir que otros hablen sin interrupción. Además, se pueden abordar temas sobre cómo fomentar la innovación mediante el intercambio de ideas, cómo el lenguaje respetuoso evita discusiones polémicas, y así sucesivamente. Cuando el equipo comienza a funcionar se pueden establecer normas adicionales. Establecer nuevas reglas puede ser necesario para mantener el orden y mantener la atención a la hora de identificar y solucionar problemas de calidad desde el enfoque conductual.

En la primera reunión, el Equipo de Acción para la Calidad debe establecer los propósito y objetivos. Es necesario que estos se redacten con claridad, empleando términos específicos. El equipo puede tomar prestadas algunas ideas de la siguiente lista:

Objetivo: el objetivo del Equipo de Acción para la Calidad incluye lo siguiente:

- Implementar la Calidad Basada en el Comportamiento en el lugar.

- Aplicar el enfoque conductual a los problemas de calidad existentes.

- Mejorar la eficacia de las iniciativas de calidad existentes fortaleciendo el proceso de resolución de problemas.

- Identificar nuevas oportunidades de mejora de la calidad y aplicar el enfoque conductual.

Proceso: para lograr nuestro objetivo, el Equipo de Acción para la Calidad hará lo siguiente:

- Identificar los comportamientos que causan problemas de calidad y los que garantizan resultados de alta calidad analizando los datos de calidad y entrevistando a gerentes, empleados de primera línea, y accionistas.

- Identificar los factores del ambiente de trabajo que influyen positivamente o negativamente en el rendimiento de calidad.

- Crear una lista de comportamientos fundamentales para la calidad necesarios para resolver el problema de calidad.

- Seleccionar voluntarios que estén capacitados para observar a los empleados y grupos de trabajo y proporcionarles retroalimentación positiva por llevar a cabo comportamientos cruciales para la calidad. Además, tienen que poder comunicar cualquier preocupación que puedan tener sobre el rendimiento de los empleados de primera línea y preguntarles si hay algún obstáculo que les impida realizar un trabajo de calidad y, por tanto, haya que eliminarlo.

- El utilizar esa lista como base de un sistema de seguimiento aportará datos sobre la frecuencia con la que aparecen los comportamientos cruciales para resolver problemas de calidad.

- Mantener gráficos de datos visibles en cada proyecto y publicarlos.

- Hacer un seguimiento de los datos relacionados con el comportamiento y compararlos con datos de resultados de calidad ya existentes.

- Desarrollar objetivos de mejora en los comportamientos fundamentales para la calidad a largo plazo.

- Crear planes de celebración para recompensar a los empleados de primera línea por cumplir los objetivos.

- Revisar los métodos de mejora de la calidad vigentes e identificar en qué ocasiones el enfoque de conductual mejorará su eficacia.

- Determinar si algunos empleados de primera línea necesitan una formación adicional sobre cómo llevar a cabo los procedimientos importantes para la calidad y ayudar en el desarrollo de esa formación.

- Estudie las Conversaciones sobre los Comportamientos de la Calidad y prepare una jornada de formación para enseñarles a todos los niveles de gestión y cómo aplicarlas en las conversaciones cotidianas y reuniones de trabajo. (Véase el capítulo 6).

- Enséñele a los gerentes y supervisores cómo tener Conversaciones sobre los Comportamientos de la Calidad con las que se pueda recopilar información sobre el progreso, identificar las barreras y descubrir todos los recursos que los empleados de primera línea necesitan para mejorar su rendimiento.

- Prepare una hoja de ruta para la implementación de la Calidad Basada en el Comportamiento in situ, preparar una lista de prioridades de los problemas de calidad existentes y presentar este plan a los altos directivos.

- Impulse una Calidad Basada en el Comportamiento comunicándole a todos los trabajadores lo que va a hacer el Equipo de Acción de Calidad y haga hincapié en que el Equipo de Acción de Calidad buscará soluciones positivas y no culpables.

De la labor del Equipo de Acción de Calidad se obtendrán resultados importantes como los siguientes:

- Un plan aprobado para crear y mantener los comportamientos cruciales para obtener resultados de alta calidad

- El descubrimiento de nuevas oportunidades de mejora de calidad

- La eliminación de barreras y la revisión de las cuestiones que limitan el rendimiento de calidad de los sistemas

- Publicar retroalimentación y evidencia de la mejora en temas de calidad

- Seguimiento y comunicación de la mejora en los resultados de calidad

Priorizar y seleccionar los problemas de calidad

Después de que el Equipo de Acción de Calidad haya identificado su propósito y objetivos, es necesario seleccionar uno de los problemas de calidad que se estén dando para poder abordarlo. Puede que su empresa tenga una larga lista de problemas de calidad. Muchos factores determinarán qué problema de calidad será el elegido para su primer objetivo. Obviamente, si un problema de calidad está causando resultados catastróficos o peligrosos, este requerirá atención inmediata. Asimismo, los problemas de calidad que amenacen el bienestar financiero de la organización serán los primeros de la lista.

Si su empresa no está lidiando con factores de este tipo, entonces las consideraciones serán otras. Una cuestión sobre la que puede pensar el Equipo de Acción de Calidad es si se deben dedicar todos los esfuerzos a un gran problema o empezar con un problema menor. A veces, esto último tiene sentido en el caso de un Equipo de

Acción de Calidad que se acabe de formar y que nunca antes haya utilizado la Calidad Basada en el Comportamiento. De esta manera, practica utilizando el enfoque conductual y se asegura de que la primera vez que se aplica se resuelva el problema con éxito. A menudo, cuando un problema de calidad es de gran importancia, algunos equipos de acción de calidad se enfrentan al problema de inmediato.

Identificación de comportamientos fundamentales para la calidad

Una vez que el Equipo de Acción de Calidad ha marcado, según la prioridad, el orden en el que se resolverán los problemas recogidos en la lista, la siguiente tarea es identificar los comportamientos fundamentales para la calidad asociados con el primero de los problemas. La identificación de estos comportamientos proporciona la base para todo el trabajo posterior del Equipo de Acción de Calidad.

El Equipo de Acción de Calidad aporta ideas sobre qué grupos tienen el mayor impacto en el resultado de calidad. A continuación, los miembros del equipo de acción e calidad se hacen las siguientes preguntas con respecto a los grupos establecidos: «¿Qué conducta observable, o serie de conductas, podrían tener estas personas para reducir o eliminar los defectos?» Es de gran ayuda hacer la pregunta de varias maneras diferentes: «Qué acciones orientadas a los resultados es necesario que se repitan con más frecuencia, más rápidamente o mejor? ¿Qué necesitan hacer los trabajadores para marcar la diferencia en lo que a calidad se refiere en este caso concretamente? ¿Qué conducta queremos que lleve a cabo de manera consistente cualquier empleado que influya en este problema de calidad? ¿Hay alguna conducta que se debería dejar de hacer o sustituir por otra más efectiva?» Además de preguntarle a cada uno, los miembros del Equipo de Acción de Calidad pueden pedirles a los empleados de primera línea que se pregunten a sí mismos sobre las conductas que son cruciales para la calidad. En ocasiones, los empleados de primera línea que trabajan en un proceso a diario saben qué procedimientos son necesarios para la calidad, pero nadie les ha preguntado hasta el momento.

Echemos un vistazo a un ejemplo en el que los empleados de primera línea de una compañía eran una gran fuente de información sobre los comportamientos fundamentales para la calidad. Una empresa que fabrica vacunas le pidió a uno de nuestros asesores que les ayudara a mejorar la calidad de su producción. La compañía hizo vacunas que fueron utilizadas por todas las empresas de aves y por todos los ganaderos de pollo particulares. La vacuna se utilizó para eliminar la gripe aviar. El proceso para hacer las vacunas se llevó a cabo en un laboratorio estéril donde se inyectó el líquido con el virus en un óvulo fertilizado (embrión). Después de varios días el fluido se extrajo y se utilizó como una vacuna contra la gripe. La compañía obtenía un 92% de beneficio en el proceso de producción por la calidad de la vacuna. La mejora de cada punto porcentual en el rendimiento de calidad supuso un aumento de 100.000 dólares por semana para la compañía.

El consultor visitó el laboratorio y se reunió con un grupo de supervisores de la planta para averiguar lo que los trabajadores del laboratorio pueden hacer para mejorar la calidad y aumentar el rendimiento. Durante una larga reunión de mañana en una sala de juntas, los supervisores admitieron que no sabían cómo aumentar el rendimiento, y el debate no iba a ninguna parte. Durante un descanso en la reunión, el consultor le preguntó al supervisor del laboratorio: «¿Podría llamar a la persona que dirige el laboratorio y decirle que les pidiera al resto trabajadores: *¿Podríais pensar en tres o más cosas que podríais hacer para mejorar la calidad del* *rendimiento de la vacuna?*» Él dijo que sería fácil hacer esa llamada y rápidamente lo hizo.

Tras el descanso, el consultor le pregunto al supervisor del laboratorio cómo habían respondido los empleados del laboratorio. El supervisor dijo que habían aportado ideas y habían identificado cinco comportamientos cruciales para incrementar la calidad. Los supervisores estaban asombrados al descubrir que con solo preguntarle a la gente que hace el trabajo se podría resolver fácilmente el problema, a pesar de que la administración no hubiese podido resolverlo durante meses. Pasado un mes, la calidad de rendimiento había aumentado del 92% ciento a 97% y los ingresos de la compañía habían aumentado en ¡500.000 dólares *por semana*!

En el ejemplo de laboratorio, los supervisores no conocían los comportamientos necesarios para mejorar la calidad. Sin embargo, hay ocasiones en las que los gerentes saben exactamente lo que los empleados de primera línea deberían hacer para mejorar la calidad, y se sienten frustrados porque sólo algunos empleados de primera línea adoptan estas conductas. A menudo, los grupos de trabajo que se encuentran más abajo en la cadena de producción que reciben un producto que no es de buena calidad se refieren a la experiencia como «sacar la basura». Este grupo a menudo sabe qué comportamientos hacen la diferencia en la producción de un trabajo de alta calidad, pero rara vez se le pedirá que dé una lista de esos comportamientos. Por lo general, cuando se les pregunta, ellos están muy motivados para describir los comportamientos que no se realizan o que se están realizan incorrectamente.

El Equipo de Acción de Calidad también puede invitar a expertos en la materia a una reunión como recurso para ayudar a identificar la causa de un problema de la calidad de conducta. Los ingenieros que diseñaron el proceso de trabajo, los formadores que enseñan las habilidades de trabajo pertinentes, o los inspectores de calidad que verifican el trabajo terminado a menudo saben exactamente qué comportamientos son esenciales para que los empleados de primera línea logren conseguir un resultado de calidad.

Si es necesario, el Equipo de Acción de Calidad puede reunir a un grupo de empleados de primera línea, directivos o clientes y pedirles que piensen comportamientos fundamentales para la calidad. Enumerar los comportamientos y luego hacer que el grupo discuta cada comportamiento y lo evalúe según su importancia. El producto final debe ser una clasificación por relevancia de varios comportamientos cruciales para la calidad que sus empleados de primera línea pueden cambiar para mejorar la calidad de los resultados.

Otro enfoque para identificar los comportamientos fundamentales para la calidad es que un miembro del Equipo de Acción de Calidad observe las personas o equipos que mejor realizan la acción, y ver exactamente qué es lo que hacen de manera diferente para lograr la calidad. Por ejemplo, en una planta de fabricación de acero, observar a los mejores equipos de soldadura mostró que los capataces y los soldadores utilizan indicadores y otras herramientas de inspección para revisar sus soldaduras antes de solicitar la revisión oficial por parte de un inspector de control de calidad. La Auto-inspección del equipo de producción les ayudó a mejorar la calidad del trabajo y aumentó la probabilidad de que las soldaduras pasaran la inspección, ahorrando tiempo y trabajo.

La identificación de los factores que influyen en comportamientos fundamentales para la calidad

Una vez que el Equipo de Acción de la Calidad ha identificado los comportamientos fundamentales para la calidad, el siguiente paso es identificar los factores que influyen en los comportamientos. El equipo buscará factores en el entorno de trabajo que provocan las conductas incorrectas o que impiden que los empleados de primera línea lleven a cabo las conductas correctas. El Equipo de Acción de Calidad seguidamente desarrollará planes de acción para hacer frente a esos factores.

Hay dos tipos de factores que influyen en los comportamientos fundamentales para la calidad y son:

1. factores del sistema;

2. los factores de comunicación.

Factores del sistema. Los factores del sistema son elementos inherentes al proceso de trabajo, al ambiente de trabajo o a los sistemas de organización, tales como el flujo de trabajo, equipos, materiales, procedimientos, formación, etc., que hacen que sea difícil realizar el comportamiento correcto o que sea más fácil tener una conducta equivocada. El Equipo de Acción de Calidad buscará causas inherentes a un comportamiento insuficiente como:

1. Se puede mejorar el flujo de trabajo.

2. Los procedimientos no están claros.

3. La ergonomía de las tareas de trabajo se puede mejorar.

4. El ritmo de producción o de trabajo no está sincronizado con las tareas.

5. Las herramientas son difíciles de usar o no están disponibles.

6. El equipamiento no es apto o no tiene mantenimiento.

7. Los materiales no están disponibles cuando se necesitan o es difícil trabajar con ellos.

8. La información en papel o en formato digital no está disponible.

9. Los empleados de primera línea no están capacitados o necesitan una formación adicional.

10. No hay señales, recordatorios visuales o ayudas de trabajo que provoquen el comportamiento deseado.

Por ejemplo, una gran tienda multinacional al por menor tenía un problema de calidad en uno de sus centros de distribución. Se estaba enviando a los clientes mercancía defectuosa. Esto estaba teniendo un efecto negativo sobre la cartera de clientes de la marca y le estaba suponiendo una pérdida de tiempo considerable en devoluciones y reenvíos. La primera suposición era que los encargados de sacar la mercancía del almacén estaban malinterpretando la orden de selección, que es una hoja en la que se detalla toda la mercancía que se tiene que cargar en un pallet y guardar fuera de la zona de carga.

Tras varias investigaciones, nuestro consultor descubrió que una de las principales causas de este problema era que los turnos no tenían personal suficiente. El número de recolectores estaba por debajo de lo necesario para hacer todo el trabajo que se requiere cada día. El personal existente tenía más trabajo del que podía manejar y tuvo que trabajar a un ritmo extremadamente rápido, lo cual produjo errores.

El consultor se dio cuenta de que los turnos se estaban quedando sin personal y fue más allá para averiguar por qué estaban tan faltos de personal. ¿Recursos humanos no estaba contratando al ritmo necesario para que hubiese personal suficiente? El consultor entrevistó a los supervisores que dijeron que se estaba contratando al número adecuado de personas, pero que un número excesivo abandonó la formación antes de que pudieran ir a trabajar.

Luego, el consultor entrevistó a los que habían abandonado la formación y a los alumnos que seguían en él. Fue entonces cuando el consultor descubrió el verdadero problema: la formación era ineficaz. Se les pedía a los aprendices que hicieran cosas para las que no tenían la suficiente formación y estaban cometiendo errores. Los alumnos que abandonaron lo hicieron porque pensaban que estaban fallando y que el trabajo iba a ser demasiado difícil para ellos.

Con tantos aprendices que dejaban la formación, la empresa nunca tenía la cantidad de personal necesaria para hacer el trabajo. Los formadores se tenían que replantear el contenido y la secuencia de sus clases y motivar más a los nuevos aprendices. Así que en este caso, eliminar el comportamiento fundamental para la calidad que producía errores implicaba explorar el ambiente de trabajo como un detective.

Factores de comunicación. Los factores de comunicación son las interacciones y conversaciones que se deberían mantener para fortalecer los comportamientos correctos. Empleados de primera línea deben trabajar en un ambiente seguro y rico en retroalimentación que impulsa y da cuenta de los comportamientos cruciales para la calidad.

El Equipo de Acción de Calidad buscará las siguientes causas de los comportamientos fundamentales para la calidad y se asegurará de que se están produciendo:

1. Se ha explicado y subrayado la importancia de realizar el comportamiento fundamental para la calidad.

2. Las reuniones antes y después de los turnos abordan la realización de los comportamientos cruciales para la calidad.

3. Se observan y recogen datos sobre los comportamientos de calidad.

4. Los supervisores tienen conversaciones individuales y de equipo en las que escuchan lo que los empleados les comunican sobre los obstáculos que encuentran para hacer un trabajo de calidad.

5. Los gerentes de todos los niveles tienen conversaciones con sus

subalternos directos que incluyen retroalimentación basada en datos sobre los comportamientos cruciales para la calidad.

6. Se publican gráficos basados en los datos recogidos para que sirvan de retroalimentación y así los empleados de primera línea conozcan su puntuación en relación con las conductas fundamentales para la calidad.

7. Los gerentes de todos los niveles prestan atención a sus subalternos directos cuando los comportamientos y los resultados mejoran.

8. La observación y el refuerzo positivo se integran en los planes de acción, los procedimientos y el trabajo estándar.

9. Los empleados de primera línea utilizan listas de verificación para observar su propio comportamiento.

10. La retroalimentación muestra el impacto de los comportamientos de calidad en los resultados.

El factor clave de la comunicación reside en la retroalimentación basada en datos sobre los comportamientos cruciales para la calidad. Si no se proporciona retroalimentación por la realización de un comportamiento importante para la calidad, el comportamiento no se sostendrá. Sin embargo, si se le proporciona retroalimentación positiva al empleado de primera línea cuando está realizando el comportamiento fundamental para la calidad, entonces reforzará el comportamiento.

El Equipo de Acción de Calidad identifica los sistemas y factores de comunicación que influyen en el comportamiento de calidad y toma las medidas adecuadas para garantizar esos sistemas y el apoyo a la comunicación, y reforzar así los comportamientos de calidad. En esto consiste la Calidad Basada en el Comportamiento.

¿Qué hemos aprendido en este capítulo?

1. Un Equipo de Acción de Calidad siempre se forma al principio de la implementación de un plan de la Calidad Basada en el Comportamiento.

2. Un equipo de seis a ocho miembros suele ser eficaz.

3. Los miembros del Equipo de Acción de Calidad deben tener buenas habilidades de comunicación; conocer las iniciativas de calidad existentes y el proceso de producción así como las funciones de los departamentos; tener interés por mejorar la calidad, liderazgo natural, capacidad para trabajar en equipo de manera eficaz y credibilidad entre sus pares y directivos.

4. El Equipo de Acción de Calidad prioriza los problemas de calidad, identifica los comportamientos de calidad que resolverán estos problemas y crea listas de verificación para cumplir los comportamientos de calidad.

5. El Equipo de Acción de Calidad enseña a cómo observar comportamientos fundamentales para la calidad y cómo proporcionar un refuerzo positivo a los trabajadores.

6. El Equipo de Acción de Calidad supervisa todos los aspectos del proceso de la Calidad Basada en el Comportamiento.

4 CREATIÓN DE LISTAS DE COMPROBACIÓN DEL COMPORTAMIENTO EFICACE

Las listas de verificación son herramientas eficaces para apoyar el rendimiento en casi cualquier entorno, especialmente en el lugar de trabajo. El uso de listas de control ayuda a garantizar la excelencia en el rendimiento en empresas pertenecientes a diferentes ámbitos. Los cirujanos, enfermeras, pilotos, supervisores de la construcción—cualquier persona que quiera asegurarse de que los procedimientos importantes se realizan correctamente—elaboran listas de control.

Por desgracia, las empresas tienen una tendencia a utilizar las listas de comprobación para encontrar a alguien a quien culpar por la mala calidad. La palabra *auditoría* normalmente se asocia con las listas de comprobación que buscan errores y problemas. Afortunadamente, no todas las listas de control se han centrado exclusivamente en culpar a alguien cuando se encuentran errores, es más, cuando se utilizan de manera constructiva, tienen un impacto significativo en la optimización de las conductas laborales. Las listas de comprobación bien desarrolladas que tienen como objetivo mejorar la calidad describen exactamente los comportamientos correctos que se deben completar para garantizar resultados sólidos.

Las listas de verificación eficaces son específicas

El propósito de utilizar las listas de comprobación en el enfoque de la Calidad Basada en el Comportamiento no es el de examinar las acciones de los trabajadores para ver si hicieron algo mal. La Calidad Basada en el Comportamiento está más interesada en el uso de listas de comprobación como guía para el empleado de primera línea para que se asegure de que no se salta los comportamientos necesarios para calidad o de los hace en el orden incorrecto. La lista de control se centra en lo que debe hacer no solo en lo que no se ha hecho. Puesto que se trata de desarrollar un proceso para fomentar comportamientos y secuencias correctas, a la hora de crear listas de verificación se tienen que utilizar puntos específicos.

Antes de ver algunos ejemplos de buenas listas de control, vamos a ver cómo las listas de verificación pueden provocar un comportamiento ineficiente o problemas. Una empresa en particular estaba tratando de mejorar la productividad en el trabajo mediante el uso de listas de verificación. Incluso crearon una lista de verificación para los gerentes de la corporación. Ahora bien, no es muy frecuente que las empresas les pidan a los gerentes que sigan una lista de control, a pesar de que es una buena idea. El problema con la mayoría de las listas de control de de los directivos es que rara vez se describen comportamientos específicos. Incluso las descripciones de los objetivos de rendimiento de los directivos a menudo son ambiguas.

La Figura 1 muestra una lista de autoevaluación para directivos sobre «Aportación de directrices para la organización». El propósito de la lista de verificación es proporcionar al directivo algunos criterios relacionados con la dirección de la empresa. Piensa en lo que has aprendido en el capítulo 2 sobre la localización y observa los errores de esta lista. Si nos fijamos en los requisitos de rendimiento,

Aportación de directrices para la organización	
Comportamientos	checar
1	Ayudar a otros a reconocer el valor de sus contribuciones a la organización	
2	Asegurarse de que todos en el trabajo comprenden la visión y estrategia de la organización	
3	Promueva un sentido de responsabilidad personal para el éxito de la organización entre sus subalternos	
4	Que la visión y estrategia de la organización sea parte de las conversaciones habituales con la unidad de trabajo	
5	Comunicar la visión y estrategia de la organización de forma que sea convincente	

Figura 1. Lista de una autoevaluación de un administrador sobre la aportación de directrices para la organización

las frases clave son demasiado generales. No se especifica ningún procedimiento. El gerente necesita que se establezcan las conductas de forma clara y que describan específicamente cómo *ayudar, estimular, fomentar* y *comunicarse*.

Esta lista es un ejemplo de cómo las direcciones, instrucciones y objetivos de rendimiento dejan a los empleados de primera línea, e incluso a los gerentes, totalmente confundidos acerca de lo que se supone que tienen que hacer para tener éxito. Las listas de verificación se utilizan para muchos otros aspectos laborales en el lugar de trabajo. Pueden dirigir paso a paso los procedimientos para la fabricación o describir los procedimientos de mantenimiento que se programan cada seis meses. En cualquiera de los casos, son importantes para mantener en el buen camino los comportamientos fundamentales para la calidad.

	Lista de control para el procedimiento de entrada en un espacio confinado	
	Pasos	checar
1	Aislar el espacio de peligros potenciales	
1a	Sacar al personal no autorizado del lugar	
1b	LOTO (Bloqueo/Etiquetado)	
1c	Bloquear las entradas, etc.	
2	Ventilar el espacio (si es necesario)	
3	Completar el permiso de entrada	
4	Evaluar el espacio	
5	Analizar la atmósfera	
5a	Registrar las lecturas de la atmósfera en el permiso de entrada	
5b	Colocar el permiso una vez completado en el espacio confinado	
6	Entre al espacio y proceda con el trabajo	
6a	¿Está el supervisor disponible?	
6b	Asistente en el lugar de entrada	
6c	Arnés	
6d	Se necesita equipo de protección personal	
6e	Volver a analizar la atmosfera si es necesario	
7	Cuando el trabajo esté hecho:	
7a	Sacar a todo el personal, herramientas y desechos del lugar	
7b	Cierre el espacio	
7c	Selle el permiso	
7d	Revisar el trabajo con supervisor (peligros, etc.)	
8	Archive el permiso sellado y completado	

Figura 2. Lista del procedimiento de entrada en espacio confinado

Las listas de verificación también pueden ayudar a reducir las lesiones y los accidentes. Los profesionales de la seguridad a menudo elaboran análisis de los riesgos laborales en forma de lista de comprobación para describir cómo hacer un trabajo correctamente y evitar accidentes. En entornos dinámicos, las tareas peligrosas se gestionan con una o más listas de verificación.

Por ejemplo, los procedimientos preventivos de seguridad para la entrada en espacios confinados se recogen en una lista de verificación. Normalmente, hay un empleado al que se le nombra "asistente" que está adecuadamente formado y es el responsable de vigilar a los que entran en el espacio confinado, de mantener las comunicaciones con los que están dentro del espacio y de iniciar los procedimientos de emergencia en caso de que ocurra un accidente ocurrido.

La lista de control para el procedimiento de entrada en un espacio confinado de la Figura 2 es un ejemplo de una lista de verificación que contiene algunos elementos que no están del todo detallados. Esta lista podría ser peligrosa porque muchos de los ítems son demasiado generales y no describen lo que hay que hacer. El Equipo de Acción de Calidad sería capaz de hacer esta lista mucho más eficaz. Observe cómo algunos de los comportamientos que aparecen en la lista de verificación no son claros y dejan un amplio margen de interpretación sobre el comportamiento que se debe realizar.

Consideremos, por ejemplo, el ítem 5. *Analizar la atmósfera*. Para asegurarse de que la atmósfera se examina correctamente, la instrucción *Analizar la atmósfera* debería desglosarse en los comportamientos específicos que son necesarios para completar la tarea adecuadamente. Para poder hacerse una idea de lo que supone esta tarea, veamos el siguiente ejemplo. La Administración de Seguridad y Salud Ocupacional de Michigan tiene un documento de 24 páginas titulado *Guía para desarrollar un programa escrito de entrada en espacios restringidos que requieren permiso*. Algunas tareas, especialmente cuando se trata de entornos dinámicos y peligrosos, requieren listas de control específicas y sólidas. Imagine qué pasaría si su empresa abordara la calidad del mismo modo.

El documento de la Administración de Seguridad y Salud Ocupacional de Michigan incluye muchas listas de comportamientos que deben ser realizados por el empresario, el supervisor, el encargado, y los empleados de primera línea que van a trabajar en el espacio confinado. Una pequeña parte se refiere a la evaluación de la atmósfera:

Evaluar las condiciones de espacios confinados de la siguiente manera:

1. *Antes de la entrada, pruebe las condiciones del espacio confinado para determinar si las condiciones de entrada son aceptables; si es necesario, haga un seguimiento continuo de las condiciones de entrada donde los participantes están trabajando.*

2. *Compruebe o haga un seguimiento del espacio confinado para asegurar que se mantienen las condiciones de entrada.*

3. *En el momento de examinar los peligros atmosféricos, analice en primer lugar el oxígeno; a continuación, los gases combustibles y vapores; y luego las sustancias tóxicas.*

4. *Proporcionar a los participantes la oportunidad de observar cualquier entrada previa o cómo se llevan a cabo las pruebas posteriores o de vigilancia de espacios que requieren permiso.*

5. *Vuelva a evaluar el espacio confinado, cuando así se lo solicite el participante.*

6. *Proporcionarle inmediatamente a cada participante los resultados de cualquier prueba realizada.*

Al comparar las dos listas de control son evidentes los beneficios que supone detallar de manera muy específica los comportamientos que se deben llevar a cabo. La tarea del Equipo de Acción de Calidad es asegurar que cualquier lista de control de comportamientos fundamentales para calidad se escriba de forma muy clara. La claridad y especificidad garantizarán que todos los ítems de la lista de control se lleven a cabo según sea necesario.

Cuándo utilizar las listas de verificación fundamentales para la calidad

¿En qué situaciones las listas de control fundamentales para la calidad pueden ser útiles? La respuesta es simple, *siempre la conducta sea esencial para la calidad y los participantes no estén llevando a cabo los comportamientos esenciales para la calidad de manera consistente y adecuada*. A continuación se presentan algunas situaciones específicas en las que las listas de verificación son particularmente eficaces:

- **Cuando los procesos requieren de múltiples comportamientos.** Cuando un proceso requiere de un conjunto o una serie de comportamientos, una lista de verificación puede garantizar que los empleados de primera línea no se salten o pasen por alto los comportamientos fundamentales para la calidad.

- **Cuando la conducta debe ser consistente en empleados de primera línea, los equipos o turnos.** Uno de los retos de calidad más frustrantes es la consistencia de la conducta. La respuesta a la pregunta «¿Está todo el mundo haciendo lo que tiene que hacer para garantizar la calidad?» a menudo es «Algunos sí; otros no», o «Depende de cómo se mire». En estos casos, una lista de verificación en la que se especifique un conjunto uniforme de los comportamientos para todos los empleados puede ayudar a producir un rendimiento constante.

- **Cuando un proceso cambia.** Los problemas de calidad a menudo aparecen cuando se rediseña un producto y hay que incorporar nuevos equipos o antiguos equipos antiguos adaptados. Los empleados de primera línea, a partir de ese momento, tienen que hacer su trabajo de manera diferente para asegurar la calidad. La necesidad de un nuevo comportamiento en el trabajo por lo general conduce a tasas de error más elevadas porque los empleados de primera línea están acostumbrados a hacer las cosas como antes. Las listas de verificación especifican los nuevos comportamientos esenciales que el nuevo proceso requiere.

- **Cuando se incorporan nuevos empleados de primera línea a un proceso de trabajo.** Estos suponen una alta probabilidad de error de comportamiento en un proceso. Su falta de familiaridad con las habilidades de trabajo, junto con el ritmo lento de trabajo y la falta de experiencia a la hora de afrontar los retos, suponen un obstáculo para los resultados de calidad fiables. Las listas de control orientan al instante a los nuevos empleados de primera línea sobre los comportamientos que deben realizar, contribuyen de manera eficaz a que se familiaricen con el proceso e incluso pueden ser de ayuda para a saber qué hacer en caso de algún contratiempo (en lugar de basarse en la prueba y error para que adquieran más experiencia). Las listas de verificación también permiten que los empleados de primera línea con experiencia formen mejor a los nuevos empleados en el trabajo.

- **Cuando aparezca un ciclo de reorientación y readaptación profesional constante.** A veces, los administradores se ven a sí mismos dando instrucciones repetidamente a los empleados de primera línea para que trabajen mejor y programando formación una y otra vez. Cuando aparece uno de estos ciclos interminables en los que se tiene que volver a orientar al trabajador que está teniendo un comportamiento de calidad inferior, una lista de verificación del comportamiento es la solución. Las listas de verificación del comportamiento establecen el estándar de rendimiento y permiten la retroalimentación sobre el comportamiento que se está dando.

- **Cuando las conductas se realizan de forma intermitente.** Si los empleados de primera línea no realizan las tareas de forma regular, puede que no recuerden los pasos adecuados para ejecutar la acción y es posible que no lo hagan correctamente. Si no se utiliza una lista de verificación, las tareas de mantenimiento anuales corren el riesgo de presentar problemas de calidad. El empleado de primera línea de mantenimiento realizará las acciones fundamentales para la calidad, si no tiene que depender del recuerdo de la última vez que se llevó a cabo este trabajo. El mismo problema se presenta con las emergencias excepcionales. Por supuesto, es crucial responder de forma inmediata a una emergencia, por este motivo entrenamos a la gente para que sea muy rápida en la forma de responder. Cuando ocurren incidentes graves, como un derrame de petróleo o un incendio en la fábrica, es una gran idea que el gestor utilice una lista de verificación para dirigir a los empleados de primera línea y a los servicios de emergencia.

Listas de verificación breves y largas

Las listas de control de calidad tendrán una longitud variable en función del número de comportamientos que causan el problema de la calidad. A veces, el Equipo de Acción de Calidad descubrirá que los problemas de calidad tienen que ver con entre tres y cinco comportamientos fundamentales para la calidad, y, en este caso, las listas de comprobación serán más cortas. Sin embargo, en ocasiones el Equipo de Acción de Calidad identificará 10 o más conductas que deberían llevarse a cabo precisamente para garantizar la calidad. Cuando los errores se producen en una amplia gama de comportamientos, se requerirá una lista más larga para garantizar un proceso de mejor calidad.

Lista de control del inicio de trabajo de producción		
	Orden de Pasos	checar
1	El capataz recibe instrucciones escritas del supervisor	
2	El capataz elabora un informe previo al trabajo y un análisis de seguridad laboral	
3	El capataz revisa los registros de soldadura y comprueba el estado de las soldaduras	
4	El capataz recibe instrucciones de las secuencias de trabajo	
5	El capataz revisa las especificaciones del proceso de soldadura para comprobar su exactitud	
6	El capataz revisa los registros de soldadura para comprobar el trabajo hecho anteriormente (que esté completo, la precisión y que esté terminado) y consulta la lista de soldadores para escoger a uno cualificado	
7	El capataz le asigna el trabajo al soldador y comprueba la etiqueta del cable de soldadura	
8	El soldador revisa el cable de soldadura en el almacén	
9	El soldador regresa y configura la máquina	
10	De acuerdo con las instrucciones del capataz, el soldador precalienta y empieza a soldar	
11	El capataz revisa el trabajo con frecuencia	
12	El soldador completa el trabajo, el capataz revisa y llama a Control de Calidad para hacer la inspección	

Figura 3. Una lista de verificación de la puesta en marcha de la producción que muestra el orden correcto de los comportamientos que se tienen que hacer paso a paso

La lista de verificación en la Figura 3 es un ejemplo de una situación en la que se tienen que seguir una serie de pasos de comportamiento en el orden correcto para garantizar la calidad

En esta planta de fabricación de acero, al principio, la calidad requiere que los soldadores sigan instrucciones precisas sobre los procedimientos, los materiales, las cualificaciones de los soldadores, la documentación, y así sucesivamente. La manera más segura de lograr la calidad es que al comienzo de un turno el equipo de producción p siga por orden los pasos necesarios para empezar a trabajar. El equipo de producción utiliza la lista de comprobación para asegurarse de que no se omiten comportamientos necesarios para la puesta en marcha. A su vez, completar esta lista de control constituye en sí mismo un comportamiento de calidad que el equipo se compromete a realizar siempre. Esta lista también muestran un ejemplo de capataz y empleado de primera línea trabajando en equipo para mejorar la calidad.

Lista de control de calidad de fabricación		
	Comportamientos	checar
1	El operador lleva puesto un equipamiento de seguridad básica que consiste en gafas, auriculares y zapatos de seguridad	
2	El operador actualiza los registros de inspección dentro de los tiempos especificados en la hoja de instrucción	
3	El operador confirma que sabe cómo realizar todas las medidas requeridas en la hoja de inspección	
4	El operador llena la hoja de auto mantenimiento de acuerdo a la frecuencia requerida	
5	El operador confirma saber cómo realizar todo el auto mantenimiento requerido en la hoja	

Figura 4. Lista de control que muestra tanto el comportamiento relacionado con la seguridad y los comportamientos cruciales para la calidad

Combinar en una lista de control comportamientos de calidad y comportamientos de seguridad

La lista de verificación de la Figura 4 proviene de una planta de fabricación de equipos donde se implementó el enfoque de la Calidad Basada en el Comportamiento. Este es un ejemplo de una lista de comprobación corta completada por un operador y que junto con comportamientos cruciales para la calidad incorpora comportamientos relacionados con la seguridad. Hemos sido capaces de integrar fácilmente las conductas de seguridad y los comportamientos de calidad en una misma lista de verificación. Se añade a este ejemplo el Equipo de Protección Personal (EPP) porque «ponerse el PPE antes de iniciar el trabajo» era uno de los comportamientos que no se realizaban regularmente en la planta y se estaban produciendo lesiones.

Selección de los comportamientos más importantes para la calidad

La lista de verificación en la Figura 5 es un ejemplo tomado de una línea aérea de éxito. Las compañías aéreas tienen muchos criterios relacionados con la calidad para garantizar que la experiencia de vuelo de los pasajeros sea de primera categoría. Cada segmento del servicio de la línea aérea es responsable de los comportamientos de servicio al cliente. Los empleados de primera línea de los mostradores de boletos, los agentes de la puerta de embarque y los asistentes de vuelo interactúan con los pasajeros constantemente, y toda gran compañía aérea se esfuerza por mejorar constantemente la calidad de servicio al cliente.

Lista de la calidad de la apariencia de la cabina		
Cabina principal		checar
1	Inspeccionar la limpieza de las puertas y ver que no hay huellas	
2	Sacar basura y polvo	
3	Levantar el reposabrazos y limpiar por debajo; quitar cualquier marca	
4	Revisar el apoyabrazos y verificar que está limpio y libre de marcas	
5	Inspeccionar la pantalla de entretenimiento, quitar el polvo y cualquier marca	
6	Abrir las mesas desplegables y limpiar los restos de suciedad	
7	Limpiar toda suciedad de la pared, de la ventanilla y de la persiana	
8	Inspeccionar los asientos	
9	Revisar los bolsillos del asiento en caso de que haya tarjetas de seguridad	
10	Limpiar las manchas de los asientos	
11	Aspirar las áreas alfombradas	
12	Retirar toda la basura que pueda haber entre los asientos	

Figura 5. Lista de control de los comportamientos para la calidad de la apariencia de la cabina de la línea aérea

El personal encargado de la limpieza de la cabina tiene una lista muy larga de ítems que han de realizar. Las aerolíneas saben que la limpieza de la cabina y el entorno inmediato que rodea los asientos influyen en la satisfacción del pasajero.

En este caso, nuestro consultor analizó la larga lista y a gracias a las entrevistas con la gerencia, con los empleados y los pasajeros identificó los comportamientos que resultaban cruciales para la calidad y que no se estaban realizando satisfactoriamente.

La Figura 5 muestra la larga lista de conductas establecidas de forma detallada para la limpieza y la inspección de la cabina principal.

Después de revisar las encuestas de los pasajeros, el consultor identifica 5 comportamientos de la lista anterior que son fundamentales para la calidad:

1. Abrir las mesas desplegables y eliminar marcas o manchas.

2. Quitar las manchas de la pared lateral, de la ventana y de la persiana.

3. Limpiar las manchas y migas de asientos.

4. Pasar la aspiradora por las áreas alfombradas.

5. Quitar toda la basura de entre los asientos, de los asientos y de los bolsillos.

Clasificar todos los comportamientos que un empleado de primera línea puede hacer para seleccionar unos pocos relacionados con la solución de un problema específico de calidad es la función clave que la Calidad Basada en el Comportamiento Introduce en las iniciativas de calidad de la organización. En algunas listas de control, cada elemento de la lista es importante por lo que es imposible seleccionar uno o dos. En el trabajo de un empleado de primera línea se dan cientos de comportamientos, pero el 95 por ciento de las veces sólo unos pocos pueden estar directamente relacionados con el problema de calidad.

En este capítulo, se ha debatido sobre una amplia variedad de temas relacionados con las listas de control importantes para la calidad. Los diferentes ejemplos aportados ayudarán al Equipo de Acción de Calidad a adaptar las listas de control a las diferentes situaciones que se puedan dar en sus instalaciones. La primera parte de este libro se ha centrado en cómo identificar comportamientos fundamentales para la calidad, cómo crear listas de control que permitan a los empleados cumplir con estos comportamientos adecuadamente, cómo autoevaluarse y cómo resolver los problemas de calidad junto con el Equipo de Acción de Calidad.

Para proporcionarle a un empleado de primera línea una retroalimentación significativa es necesario llevar a cabo una medición del sistema utilizando los datos procedentes de la lista de control. Asimismo, será importante compartir estos datos tanto con los grupos de trabajo como con toda la plantilla para ver cómo la organización está cumpliendo con los objetivos de calidad.

En los capítulos siguientes se mostrará cómo crear medidas significativas y cómo recompensar el cumplimiento de los comportamientos cruciales para la calidad.

¿Qué hemos aprendido en este capítulo?

1. Las listas de verificación son listas de acciones importantes que se deben realizar para garantizar el rendimiento y los resultados.

2. Los puntos de la lista deben ser muy específicos para asegurarse de que se llevan a cabo exactamente como se requiere.

3. Las listas de control cruciales para la calidad se componen de los comportamientos específicos que son esenciales para un resultado de calidad.

4. En una misma lista de control se pueden incorporar conductas de seguridad y comportamientos fundamentales para la calidad.

5. Las listas de verificación aportan información cuantitativa que permite que los participantes reciban retroalimentación positiva e información para la mejora.

5 RECOPILACIÓN Y ANÁLISIS DE LOS DATOS DEL COMPORTAMIENTO

Una vez que el Equipo de Acción de Calidad ha identificado los comportamientos cruciales para la calidad y creado listas de verificación del comportamiento, la siguiente tarea es recoger datos sobre la frecuencia con la que se dan en realidad estos comportamientos cruciales para la calidad.

Uno de nuestros asesores tuvo la suerte de ser contratado por una fábrica de cerveza. Mientras que estaba impartiéndole un taller a un grupo de supervisores de primera línea, describió lo que era un comportamiento, es decir, algo observable y que se puede contar.

Al final del debate, el consultor pidió un descanso de 15 minutos y cuando estaba a punto de irse, un supervisor de nombre Carl levantó la mano. El consultor dijo: «Sí, Carl». Carl dijo: «¿Sabía que en los últimos 30 minutos usted ha metido y sacado las manos de los bolsillos 35 veces?» El consultor se quedó asombrado con el ejemplo tan bueno que había puesto el supervisor de la definición de comportamiento como conducta que se puede contar, aunque fuese a su costa.

Él dijo: «Eso está muy bien, Carl. Ha aprendido cómo contar un comportamiento visible muy rápidamente». Carl dijo: «Y usted ha utilizado la expresión verbal *Sea como fuere*, 27 veces». El asesor de comportamiento se alegró mucho de que alguien hubiese aprendido tan rápidamente que la conducta verbal, lo que la gente dice, también se puede contar. El consultor dijo: «En este taller no ponemos nota, pero si lo hiciéramos, me gustaría ponerle una *A+*».

Carl estaba pasando un buen rato con el consultor, pero demostró que había aprendido las tres habilidades esenciales para el cambio de conducta: identificar los comportamientos específicos que son observables y contables, contar y registrar la frecuencia de esos comportamientos y presentarle los datos como retroalimentación al empleado de primera línea.

Medir los comportamientos fundamentales para la calidad es esencial para la mejora

La recopilación de datos sobre el comportamiento es el sello distintivo del enfoque conductual y es esencial para conseguir los más altos niveles de éxito. ¿Por qué es tan importante la recogida de datos sobre el comportamiento? Hay muchas razones, pero es importante tener en cuenta que confiar en impresiones subjetivas para determinar con qué frecuencia se produce un comportamiento a menudo produce errores. El enfoque de la Calidad Basada en el Comportamiento se basa en la ciencia y utiliza la medición del comportamiento para tomar decisiones. Realizar un seguimiento de una lista bien detallada de conductas fundamentales para la calidad comporta muchos beneficios para la organización, para el cliente y para el trabajador individual.

1. **Los datos sobre comportamiento permiten el análisis basado en los hechos**. Después de identificar comportamientos fundamentales para la calidad, la siguiente pregunta es ¿Con qué

frecuencia se producen estos comportamientos en la actualidad?" La respuesta típica a esta pregunta no se basa en la medición, pues la mayoría de las organizaciones se centran sólo en los resultados en lugar de centrarse en los datos sobre los comportamientos que producen esos resultados. Las decisiones son a menudo una colección de conjeturas, creencias y suposiciones. Los datos sobre el comportamiento le mostrarán al Equipo de Acción de Calidad los hechos reales. Estos datos le permiten al Equipo de Acción de Calidad saber exactamente con qué frecuencia se dan los comportamientos cruciales para la calidad y si se realizan regularmente. Esto también permitirá una comparación entre los empleados de primera línea, grupos de trabajo, turnos y lugares de trabajo.

2. **Los datos sobre comportamiento son los *principales indicadores* que se pueden procesar**. Gran parte de la solución de los problemas de organización es reactiva. Se encuentran con resultados negativos y entonces la organización intenta mirar atrás para entender por qué se produjeron esos malos resultados. Este tipo de solución de problemas mira hacia atrás para entender los problemas que ya han ocurrido. Por el contrario, los datos sobre comportamiento son indicadores de porque aportan información sobre comportamientos que se dan en una fase anterior de la producción que podrían afectar los resultados posteriores. Observar los datos de comportamiento permite una detección temprana de los problemas de organización e influir en el comportamiento para prevenir problemas y mejorar los resultados.

3. **Los datos sobre comportamiento permiten una retroalimentación efectiva**. Con los datos de comportamiento en la mano, los gerentes y supervisores pueden tener conversaciones más eficaces con los empleados de primera

líneas sobre cómo se están llevando a cabo esos comportamientos. A menudo, la forma más sencilla de modificar la conducta es ofrecer retroalimentación sobre el comportamiento en el trabajo. Los datos sobre comportamiento le facilitan a los gerentes y supervisores las herramientas para tener conversaciones significativas y motivadoras sobre el trabajo que el empleado de primera línea realiza. Además, los administradores pueden hacer comentarios positivos sobre las conductas del empleado de primera línea que mejoran la calidad y sobre los cambios de comportamiento que son necesarios para aumentar la mejora.

4. **Los datos sobre comportamiento muestran tendencias.** Los empleados de primera línea cambiarán su comportamiento de forma gradual. Por tanto, es esencial para la quien busca una mejoría detectar y reconocer los indicios de mejora que se observan en las tendencias de los datos. Los datos numéricos sobre el comportamiento permiten que los administradores vean y reconozcan las mejoras sutiles pero reales que van en la dirección correcta.

5. **Los datos sobre comportamiento vinculan a las personas con la calidad.** Las iniciativas de mejora de la calidad como Lean y Six Sigma no están a la altura de las expectativas puesto que fallan al abordar sistemáticamente el comportamiento. El eslogan de calidad «¡No culpe a la persona; arregle el proceso!» puede conducir a error e ignorar el factor humano y dejar de lado los comportamientos que contribuyen o perjudican a la calidad. Los datos relacionados con la conducta permiten que los empleados de primera línea vean cómo contribuyen a la calidad. Asimismo, muestran que modificar su comportamiento se refleja en los cambios a nivel de calidad.

La introducción del enfoque conductual para obtener un incremento de los datos de seguridad

Aquellos que buscan mejorar la calidad pueden beneficiarse aprendiendo cómo los profesionales de seguridad miden los comportamientos con el fin de reducir la tasa de lesiones en el trabajo. Tradicionalmente la gestión de la seguridad se ha basado en medir resultados intermedios para rastrear el progreso o indicar problemas como lesiones. El enfoque conductual se introdujo porque el análisis de las lesiones indicaba que el comportamiento tenía que ver con la aparición de lesiones entre un 70 y 80 por ciento de las veces.

Cuando los responsables de seguridad revisaron los datos sobre lesiones, observaron que los empleados de primera línea sufrían ciertos tipos de lesiones con más frecuencia que otros. Cuando examinaron los informes de investigación sobre incidentes y lesiones, observaron que la mayoría de las veces los empleados de primera línea que se habían lesionado habían mostrado un comportamiento inseguro, en lugar de uno seguro, y esto los había llevado a lesionarse. Los profesionales de seguridad sabían que aumentar la frecuencia de aparición de los comportamientos seguros reduciría drásticamente los accidentes registrados. En la Calidad Basada en el Comportamiento se propone la misma idea para acelerar la aparición de comportamientos cruciales para la calidad durante la producción.

Las empresas pioneras y los psicólogos conductuales desarrollaron un sistema eficaz para mejorar el comportamiento de seguridad. El componente clave del sistema es formar a los empleados de primera línea para que observen a sus compañeros en el trabajo durante breves períodos de tiempo utilizando una lista de control de conductas seguras. Las conductas que se seleccionan para la lista de control son aquellas que normalmente no hacen los empleados de primera línea y, por tanto, dan lugar a lesiones. Suelen ser comportamientos simples, como no llevar lentes de seguridad, no sujetar la protección contra las caídas, u olvidarse de desactivar una máquina (denominado bloqueo-desconexión de seguridad).

La aplicación de esta fórmula relacionada con la conducta para la prevención de lesiones ha supuesto la reducción de un promedio del 30 por ciento al 50 por ciento en las lesiones en el primer año. Estos datos se basan en investigaciones internacionales basadas en la evidencia de miles de implementaciones de Seguridad Basada en el Comportamiento. También cabe señalar que el enfoque conductual para la gestión del rendimiento humano se ha utilizado para mejorar los resultados en el lugar de trabajo de cualquier organización. El poder del enfoque conductual es el fundamento de la Calidad Basada en el Comportamiento.

Observar y medir el comportamiento crucial para la calidad

Para prepararse para la observación y la medición de los comportamientos cruciales para la calidad, el Equipo de Acción para la Calidad decidirá

- con qué frecuencia se realizan las observaciones;

- quién hará las observaciones;

- el plan para el seguimiento del proceso de observación y retroalimentación.

La determinación de la frecuencia de las observaciones. Una buena regla general es que se tiene que observar y dar retroalimentación sobre el comportamiento de calidad a cada participante al menos una vez por semana, ya sea individualmente o como parte de un grupo de trabajo. Las observaciones y la retroalimentación podría tener que realizarse más a menudo, dependiendo, por un lado, de con qué frecuencia se espera que se dé el comportamiento fundamental para la calidad en el proceso de trabajo y, por otro, de si el comportamiento es nuevo y desconocido para los participantes.

Decidir quién hará las observaciones. El Equipo de Acción de Calidad puede proponer que hagan las observaciones los miembros del Equipo de Acción de Calidad, observadores de Seguridad Basada en el Comportamiento, supervisores, ingenieros, compañeros y / o los intérpretes. El Equipo de Acción de Calidad puede recomendar que los observadores sean voluntarios o que las observaciones formen parte del trabajo ordinario de un grupo en particular. La propuesta del Equipo de Acción de Calidad se basa en el número de observadores necesarios para completar el número deseado total de observaciones, en los conocimientos necesarios para la observación y en el reto práctico que supone hacer las observaciones.

Creación de un plan de seguimiento de las observaciones y comentarios. En cada turno, una persona designada debe recoger las listas completas y colocarlas en un recipiente. El miembro del Equipo de Acción de Calidad que se ha ofrecido para recopilar las listas de verificación a continuación luego volcará todos los datos de la observación en una hoja de cálculo o base de datos. En la hoja de cálculo o base de datos se acumulan los datos de observación, día a día, lista de control tras lista de control. La clave es tener un registro acumulativo del número total de observaciones en un grupo de trabajo, de modo que se puedan analizar y mostrar a los empleados de primera línea, y se pueda utilizar para tomar decisiones.

El resultado de la planificación de la observación y de la retroalimentación debe servir como meta para establecer el número total de observaciones por semana, una lista de los observadores y sus metas individuales de observación por semana, y un plan para la recogida de las listas de verificación de observación y resumir los datos.

Supervisores y observadores de observaciones

Si en el lugar de trabajo ya hay un proceso de Seguridad Basada en el Comportamiento, los comportamientos cruciales para la calidad se pueden incluir en las listas de control de observación de seguridad. Por tanto, los observadores de Seguridad Basada en el Comportamiento pueden detectar comportamientos fundamentales para la calidad durante sus observaciones de seguridad.

Si el observador puede prever el momento en el que debe aparecer el comportamiento fundamental para la calidad significa que las observaciones de los supervisores son realistas. Las observaciones requieren que los empleados de primera línea, ya trabajen en secuencia o en conjunto, estén de acuerdo con que se lleve a cabo la observación. El Equipo de Acción de Calidad o el supervisor de la zona pueden ser los encargados de introducir el tema de la observación. Si se deja en claro que estos datos no serán utilizados negativamente, probablemente conseguirá cooperación.

Para registrar los datos, el supervisor o el compañero tienen que dejar constancia por escrito del comportamiento en la lista de verificación. Las listas de verificación deben colocarse a la vista; estas funcionarán como motivación para que el empleado de primera línea mantenga el comportamiento fundamental para la calidad. Debido a que cada organización es diferente en lo que respecta a los niveles de confianza entre el supervisor y el empleado de primera línea y entre los empleados entre sí, establecer protocolos de observación de pares o por parte del supervisor dependerá de cada lugar.

Auto-observación

Mediante la autoobservación, los empleados de primera línea completan la lista de verificación sobre ellos mismos cuando realizan las conductas, en su descanso, durante el almuerzo, o al final del día. La autoobservación es particularmente útil cuando sirve de ayuda para que el trabajador tenga el comportamiento de calidad, cuando un observador tiene dificultades para predecir el momento de aparición del comportamiento de calidad, o cuando para un observador resulta incómodo ver un comportamiento.

Los datos de la auto-observación han demostrado ser fiables. Nuestra experiencia y los estudios disponibles muestran que la mayoría de las veces la gente registra con precisión su comportamiento en la lista de verificación. A veces, los gerentes se preocupan porque los empleados de primera línea se limitan a rellenar con prisa una lista de comprobación sin elaborar un verdadero informe. En los buenos procesos de la Calidad Basada en el Comportamiento, a los empleados de primera línea se les da mucho de tiempo y ánimo para que completen las listas de verificación con precisión. Además, si los datos de la lista de autoobservación indican una mala calidad, no se les amenaza con penalizarlos.

La clave para crear un proceso de autoevaluación del comportamiento fiable es proporcionar al empleado de primera línea un refuerzo positivo por haber rellenado la lista de verificación. Es aconsejable no criticar la calidad, si está completa o si han quedado comportamientos por evaluar. Los empleados de primera línea deben sentirse cómodos ya que solo están documentando su comportamiento en el trabajo, no se están acusando a sí mismos. Cuando los gerentes reciban estos informes, deben responder positivamente a la honestidad, mantener debates abiertos y honestos sobre las causas de mala calidad y, a continuación, desarrollar planes para promover mejoras.

Análisis de los datos de la lista de revisión

El Equipo de Acción de Calidad querrá analizar los datos de observación para responder a tres preguntas:

1. ¿Se están haciendo las observaciones como se había previsto realmente?

2. ¿Cuál es el porcentaje de observaciones en las que se ve que los comportamientos de calidad se producen según lo esperado?

3. Si están llevando a cabo las observaciones y se están dando los comportamientos de calidad ¿se aprecia una mejora de la calidad de los resultados?

El Equipo de Acción de Calidad identifica los comportamientos de calidad como las acciones observables esenciales para obtener resultados de calidad. La lista de observación efectuada es la evidencia de que se han realizado los comportamientos fundamentales para la calidad. Por lo tanto, el primer análisis de los datos de observación es un recuento del número total de observaciones por periodo de tiempo (una semana) en cada grupo de trabajo. El número de observaciones hechas y debería coincidir con el de las programadas cada semana. El Equipo de Acción de Calidad se beneficiaría de saber cuántas observaciones se han hecho con el fin de proporcionar retroalimentación y reconocimiento. El segundo análisis se centrará en qué porcentaje de las observaciones se dieron realmente los comportamientos de calidad que se estaban evaluando?

El análisis final consiste en la comparación entre el número de conductas de calidad realizadas y los resultados de calidad. Si el Equipo de Acción de Calidad ha seleccionado los comportamientos de calidad correctos, el incremento de esos l comportamientos debería impulsar una mejora en la calidad de los resultados.

Publicación de los datos para los grupos de trabajo de cada departamento

Cada supervisor debe estar bien informado sobre el progreso de su departamento. El supervisor debe publicar los datos de las observaciones en un tablón de anuncios para que los empleados de primera línea puedan ver el progreso de su auto-observación. Además, el supervisor también es el responsable de comunicarles la mejora tanto a los trabajadores individuales como a los grupos de trabajo que están haciendo progresos. Todos los niveles de gestión deben hacer declaraciones positivas sobre el progreso siempre que tengan la oportunidad. En el siguiente capítulo se describen estas Conversaciones sobre Comportamientos de Calidad.

¿Qué hemos aprendido en este capítulo?

1. Una vez que el Equipo de Acción de la Calidad ha identificado los comportamientos fundamentales para la calidad y creado listas de verificación del comportamiento, la siguiente tarea es recoger datos sobre la frecuencia con que estos comportamientos se dan en realidad.

2. Los datos del comportamiento son esenciales para mejorar la calidad. Estos permiten el análisis basado en los hechos, son los principales indicadores procesables, permiten una retroalimentación efectiva, muestran las tendencias y vinculan a las personas con los resultados de calidad.

3. El Equipo de Acción de Calidad decide con qué frecuencia se realizan las observaciones, qué observar, y cómo se realizar un seguimiento del proceso de observación y retroalimentación.

4. Una regla de oro es que cada participante debe recibir la observación y la retroalimentación sobre los compartimientos de calidad al menos una vez por semana.

5. Las observaciones las pueden realizar tanto los miembros del Equipo de Acción de Calidad, como observadores de seguridad, supervisores, ingenieros, compañeros o los propios participantes.

6 CONVERSACIONES DE LA CALIDAD BASADA EN EL COMPORTAMIENTO

Una vez que los equipos están aplicando las listas de control de los comportamientos de calidad, el siguiente paso del Equipo de Acción de Calidad es incitar a los administradores de todos los niveles a que se mantengan conversaciones con los empleados de primera línea sobre los comportamientos. Cuando los administradores tienen la oportunidad de tener una conversación con los empleados de primera línea sobre los comportamientos de calidad también pueden aprovechar para tratar otros temas relacionados con el trabajo y el rendimiento del empleado. A esos debates extensos los llamamos las Conversaciones de la Calidad Basada en el Comportamiento, y son cruciales para la aceleración de la calidad en una organización. ¿Por qué hablar con los empleados de primera línea sobre los comportamientos tan importantes para la calidad? Porque las investigaciones demuestran que las conversaciones que los supervisores tienen con los empleados de primera línea marcan una gran diferencia en el rendimiento de estos.

Judy Komaki, un psicólogo conductual de renombre, llevó a cabo una amplia labor de investigación sobre el efecto que la supervisión del comportamiento tenía en el rendimiento de los empleados de primera línea. Quería saber qué habían hecho los supervisores más eficaces para fomentar los altos niveles de rendimiento. Komaki observó y clasificó las conversaciones de los supervisores con los empleados de primera línea durante miles de horas y luego determinó la eficacia de cada supervisor de en función de los resultados de rendimiento obtenidos en sus departamentos. Por último, comparó las conversaciones de los supervisores con los empleados de primera línea con mejor rendimiento con las conversaciones de los supervisores con los empleados de primera línea de más bajo rendimiento.

Komaki encontró que los supervisores y gerentes que con frecuencia se paran, miran, escuchan y hablan con los empleados de primera línea acerca de su progreso obtenían un mejor rendimiento en sus unidades que los que no lo hacían. Por tanto, son mejores los directivos que se paran y hablan con los empleados de primera línea con mayor frecuencia que los gerentes de bajo rendimiento. Además, los mejores directivos observan a cada empleado de primera línea durante el trabajo y les hacen preguntas sobre el progreso. La interacción con el empleado de primera línea también proporciona más oportunidades para que el supervisor haga comentarios positivos o correcciones sobre el desempeño del empleado de primera línea.

La investigación de Komaki estableció un modelo de entrenamiento para el rendimiento. Tradicionalmente, las interacciones de un supervisor con los empleados de primera línea se han limitado a la entrega de instrucciones. Su investigación estableció científicamente un nuevo paradigma de supervisión. La investigación de Komaki indica que los supervisores con más éxito asumen un rol de entrenador con los empleados de primera línea. Una conversación de instrucción requiere pasar más tiempo hablando con los empleados de primera línea acerca de su experiencia de trabajo diario y puede ser productiva de diferentes maneras. Uno de los principales resultados de estas conversaciones de instrucción es que los supervisores conocen de antemano si hay problemas relacionados con la maquinaria, procesos, materiales, recursos o con cualquier otro factor que pueda influir en la calidad del producto. Además, estas conversaciones crean un ambiente cómodo tanto para el supervisor como para el empleado de primera línea a la hora de mantener una conversación equilibrada sobre el trabajo.

Conversaciones de la Calidad Basada en el Comportamiento

El valor de las conversaciones de asesoramiento depende de la calidad de la interacción. El tono de la conversación debe reflejar que el debate es entre dos compañeros que hablan de trabajo. Los empleados de primera línea quieren que sus supervisores se interesen activamente por su trabajo y cuando los supervisores expresan su interés, esto no sólo tiene un impacto positivo en la relación sino también en la calidad del trabajo. Cuando los supervisores no están atentos al trabajo o las acciones del empleado de primera línea, este se siente poco importante. Además, si el trabajo no es lo suficientemente importante para el supervisor como para tener una conversación sobre este, el mensaje que se envía es que el trabajo tampoco tiene por qué ser importante para el empleado de primera línea.

Los empleados de primera línea juzgan si tanto ellos como su trabajo es valorado en función del interés que usted muestre por los problemas con los que se encuentran cotidianamente. Los empleados no estarán más satisfechos o querrán quedarse solo porque les diga cosas bonitas; Sin embargo, si usted se convierte en un compañero activo, en alguien con quien se puede contar para a hacer frente a los obstáculos y barreras surtirá un efecto positivo.

Las Conversaciones de la Calidad Basada en el Comportamiento puede ser más cortas o más largas en función de la cantidad de cosas que el empleado de primera línea tenga que decir.

El propósito de una Conversación de la Calidad Basada en el Comportamiento es bastante claro:

1. Discutir sobre comportamientos fundamentales para la calidad, impulsar los que no se han llevado a cabo y que proporcionan retroalimentación positiva por las conductas realizadas.

2. Preguntarle a los empleados de primera línea sobre los aspectos técnicos del trabajo; por ejemplo, sobre el equipo, el material y todos los elementos del proceso.

3. Discutir sobre la calidad de los resultados actuales y los defectos o problemas.

4. Preguntarle a los empleados de primera línea si hay barreras para el desempeño de calidad y si hay algo que el empleado de primera línea necesita para mejorar la calidad.

Una de las ventajas de las Conversaciones de la Calidad Basada en el Comportamiento es que se instauran relaciones positivas. Una empresa de consultoría de recursos humanos realizó un análisis de las encuestas de satisfacción y retención de trabajadores realizadas en los últimos 40 años. Su análisis corroboró que el factor fundamental para conservar a los empleados de primera línea era la relación supervisor-empleado. Una buena relación le permite a un supervisor tener una influencia positiva en el rendimiento de los empleados de primera línea. No importa qué método de mejora de calidad se haya puesto en marcha, cuánto dinero se haya gastado en consultores ni que los supervisores tengan mucha formación en

Lean, Six Sigma, Manufactura de Clase Mundial, o en cualquier otro enfoque; igualmente, los gerentes tienen que ser capaces de formar relaciones sólidas con los empleados de primera línea y comunicarse adecuadamente con ellos en lo que se refiere a tareas de calidad o todos los intentos de mejora caerán por tierra. Tomarse el tiempo para tener una Conversación de la Calidad Basada en el Comportamiento crea la oportunidad para el supervisor aprenda de los empleados de primera línea. El supervisor puede descubrir cosas como

- lo que va bien y las nueva manera de hacer las cosas que el empleado de primera línea ha adoptado y que tal vez pueda compartir con los demás;

- la oportunidad de llegar más rápidamente a información detallada relacionada con lo que está pasando en el departamento que pueda afectar a los empleados de primera línea y a su trabajo;

- problemas que el empleado de primera línea pueda estar teniendo con el equipo, con la disponibilidad de información crucial para rendimiento, con la disponibilidad de las herramientas, de los materiales, de la asistencia técnica y otros factores cruciales para el trabajo;

- la presencia de problemas de seguridad, el equipo, o cualquier cosa que el empleado de primera línea perciba como un riesgo;

- si los procesos o sistemas están ayudando o entorpeciendo el trabajo del empleado de primera línea

- problemas en tiempo real que los empleados de primera línea prevén que pueden requerir la intervención inmediata de los otros grupos de trabajo o departamentos.

Aquí se muestra un ejemplo de lo que parece ser una buena interacción entre un supervisor y un empleado de primera línea. Se discuten temas técnicos y de rendimiento, pero le faltan algunos elementos clave de instrucción:

—Hola Paulina, ¿cómo te va hoy?

—Bien —dice Paulina.

—Quería recordarte que hoy cuando cambies el rodillo, asegúrate de que lo bloqueas y etiquetas y ten cuidado con el borde de la cubierta de la caja. Está afilado y Jim casi se corta la semana pasada. ¿Necesitas nuevos tapones para los oídos?

—Tomé algunos esta misma mañana, los que tengo tienen solo dos días --dice Paulina.

—¿Consiguió Ralph los dos procesadores que necesitabas para actualizar el sistema?

—Estaba esperando a que me los trajera, pero no lo he visto --responde ella.

—Hablaré con él para asegurarme de que los tendrás antes del mediodía. Por cierto, cuando Cheryl llegue y te pregunte cómo agilizas los servicios para nuestros clientes de primer nivel ¿te importaría decirle cómo lo haces?

—Claro, no me importa —responde Paulina.

—Hoy a las 14:00 nuestro mayor cliente va a visitar las instalaciones. No tienes que hacer nada, solo quería hacerte saber que están llegando.

Paulina asiente con la cabeza y responde: —Gracias por avisar.

El supervisor mira los equipos y dice: —Ayer, me fijé en que mueves la barra cada vez que vuelves a cargar. ¿Qué pasaría si la movieses solo una vez?

—Nunca he pensado en ello; lo probaré —dice Paulina.

—La idea que tuviste de reposicionar las herramientas funcionó para todos, excepto para Alice porque ella tiene una máquina antigua.

Pauline sonríe y dice: —Me alegro de poder ayudar.

—Voy a ver si Dell necesita algo. Si me necesitas llámame. Le pediré a Ralph que consiga esos procesadores.

—Cuanto antes, mejor —dice Paulina.

—Nos vemos luego.

Hay varios aspectos positivos sobre esta interacción. Una es que el tono de la interacción es familiar, como si dos compañeros hablaran sobre cuestiones de trabajo. El supervisor menciona un consejo de seguridad que podría contribuir a que Pauline evitara una lesión. A su vez, él le pide consejo, que es algo que todos los empleados de primera línea perciben como positivo. También le sugiere un cambio en la forma de utilizar la máquina que puede hacer que sea más fácil para ella y le da el refuerzo positivo sobre una idea que ayudó a otros.

Es un buen intercambio, pero parece más bien una transacción que una interacción. Es cierto que la mayoría de los gerentes que revisaran esta conversación entre Paulina y su supervisor la darían por buena. En comparación con muchas conversaciones entre supervisores y empleados de primera línea es de lo mejor; Sin embargo, una interacción de instrucción va más allá del intercambio de información sobre un hecho. El asesoramiento consiste hacer preguntas y escuchar. He aquí un ejemplo mejor de una conversación de asesoramiento:

—Hola Paulina.

—Hola Jim.

—¿Cómo te va hoy?

—Bastante bien.

—Bastante bien no suena como muy bien. ¿Qué tipo de problemas tienes?

—Simplemente parece ser uno de esos días. Mi máquina funciona lentamente y tengo que vigilar de cerca los ajustes. Sin los dos nuevos procesadores que necesito, no funciona bien. Eso significa que algunas de las tolerancias a veces se caen. No consigo verlas porque tengo que mirar los indicadores a menudo. Luego van hacia abajo y le llegan a Joyce y ella los deja deslizarse. Tony las atrapa en el control final y me las envía de nuevo. Me hace quedar mal con Tony y en la hoja de trabajo parece que no esté haciendo mi trabajo.

—Eso tiene que ser muy frustrante para ti.

—Es muy frustrante. Me gustaría atrapar a Ralph y Joyce y patearlos a los dos. Están poniendo en riesgo mi trabajo en riesgo.

—No tendrás que patear a nadie. Yo me encargo de esto y me voy a asegurar de que no se refleje en tu expediente de trabajo. Yo sé que has tenido que trabajar más duro para compensar los problemas de la máquina. Puede ser que tengas que volver a hacer un par de piezas, pero aun así estás haciendo un gran trabajo.

Pauline sonríe y dice: —Te lo agradezco, Jim.

—¿Tienes algún otro problema?

Pauline piensa durante unos segundos y responde: —Bueno, hay una cosa más. Se supone que el calibración se hace al final del turno anterior. Cada dos días voy al puesto de trabajo y me doy cuenta de que nadie ha estado ahí. Traté de llamarlos para que hicieran el trabajo, pero nunca los encuentro.

—Voy a hablar de eso con los de mantenimiento. Cuando tengas ese tipo de problemas, dímelo. Vendré tan pronto como pueda. Para llegar a nuestro objetivo de calidad, tenemos que conseguir resolver este tipo de problemas con más rapidez. Por cierto, cuando me acerqué me di cuenta de que no estabas usando tapones para los oídos. No quiero que te quedes sorda.

Riendo, ella dice: —Está bien, Jim. Sé que es por mi propio bien. Me aseguraré de usarlos todos los días.

—Veo que has estado manteniendo un registro de los comportamientos de calidad en tu lista de comprobación. Esto tiene un impacto real en nuestra calidad. La tasa de rechazo está bajando. ¿Has pensado algo más que puedas hacer para mejorar la calidad?

—No, pero desde que empecé a centrarme en estos comportamientos prácticamente se ha convertido en un hábito. Miro mi lista de control todos los días, pero realmente no necesito más. Tengo todo en mi cabeza.

—¡Bien Paulina! Dime si me necesitas. Voy a tener una charla con los de mantenimiento.

Hay una gran diferencia entre esta interacción y la anterior. Jim hizo preguntas más abiertas. Las preguntas abiertas, como «¿Qué tipo de problemas tienes?» le permiten a la otra persona proporcionar más información. Las preguntas cerradas restringen la recopilación de información. Preguntas como: «¿Consiguió Ralph esos procesadores que necesitabas para actualizar tu sistema?» del primer ejemplo de diálogo, no proporcionan más información que un sí o un no. Cualquier tipo de pregunta cerrada como «¿Comenzó a tiempo hoy?» o «¿Tienes tu formulario para el informe de producción?» limitan las respuestas a un sí o un no. Mientras tanto, la persona que contesta la pregunta tiene una gran cantidad de información valiosa que podría mejorar la calidad, pero que no se aprovecha debido a las preguntas equivocadas.

La pregunta abierta «¿Qué ideas tienes sobre cómo mejorar la calidad?» le permite al empleado de primera línea aportar una amplia gama de sugerencias potenciales de mejora. Si el supervisor hubiese hecho una pregunta cerrada como «¿Crees que si utilizamos la marca X en lugar de la marca Y vamos a obtener un material mejor?», La respuesta no habría sido tan buena.

En el mejor ejemplo de diálogo entre Jim y Pauline, Jim logró hacer algunos comentarios sobre la lista de control de los comportamientos fundamentales para la calidad y consiguió obtener información acerca de cómo Pauline se manejaba con ello. Jim consiguió más escuchando que hablando. En una Conversación de la Calidad Basada en el Comportamiento es preferible utilizar preguntas abiertas para recoger ideas, problemas y opiniones. Cuanto más información tiene el supervisor, podrá influir mejor en la calidad de la producción y de los servicios. Una vez hecha la pregunta, el supervisor tiene que escuchar y demostrar que están interesados en las respuestas. Un buen supervisor mantendrá un buen contacto visual, una postura corporal que comunique interés e incluso reflexionar sobre lo que oye. Mientras escuchan, los supervisores no deben prestarle atención al teléfono celular o hacer otras cosas que los puedan distraer.

Mientras se está escuchando no se debe estar pensando en la respuesta o pensando en otra cosa. Esto es difícil porque tendemos a escuchar solo parte de lo que alguien dice y esto despierta un aluvión de ideas que se entrometen mientras tratamos de prestarle atención al interlocutor. Es necesario centrarse en el empleado de primera línea y tratar de escuchar con la suficiente atención como para poder parafrasear lo que dijo el empleado. De hecho, cuando el empleado de primera línea termina de hablar, es aconsejable repetir de nuevo lo que nos ha dicho para poder llegar a un acuerdo y un entendimiento sobre los temas en cuestión.

El refuerzo positivo en una Conversación de la Calidad Basada en el Comportamiento

Mostrar que se está escuchando al empleado de primera línea mientras habla siempre es una buena idea. Por lo general, la gente dirá «bueno», «ajá», «sí», u otras palabras mientras escucha a alguien para comunicarle que está recibiendo el mensaje. El efecto es positivo. Estas palabras reflexivas y alentadores reconocen el desempeño de un empleado de primera línea y fortalecen su relación dentro de estas Conversaciones de la Calidad Basada en el Comportamiento.

Una manera de mejorar significativamente su retroalimentación es utilizar expresiones como: «Estupendo, Bill. Creo que incorporar la información a la hoja de trabajo ayudará al siguiente turno a empezar sin la confusión que a veces tenemos». Este tipo de comentarios hacen que el empleado de primera línea sepa que un comportamiento específico tiene un valor añadido. Hay que tener en cuenta, por supuesto, que si un empleado ya ha especificado el comportamiento con frases como «añadí varios comentarios sobre recalibrar los medidores al final del turno para asegurarme de que el turno de noche pueda arrancar sin problemas», utilizar expresiones como «¡Genial!» , «¡Eso va a funcionar!» o «¡Buena idea!» tendrá efecto positivo.

Las expresiones breves y positivas permiten que los supervisores que se sienten incómodos con los refuerzos más largos puedan reconocer igualmente el esfuerzo extra de un empleado. Los comentarios positivos como: «Eso va a funcionar», «tenemos que procurar hacerlo siempre de esta manera» o «Eso nos va a ahorrar un montón de tiempo» son breves pero tienen un poderoso efecto positivo sobre la relación supervisor - empleado de primera calidad. Además, aumentan la probabilidad de que el empleado siga contribuyendo con esfuerzo extra a la calidad.

Asesoramiento para cambiar el comportamiento

Durante las Conversaciones de la Calidad Basada en el Comportamiento, las sugerencias para que el empleado de primera línea cambie la forma de hacer algo pueden convertirse fácilmente en parte de la conversación sin que se conviertan en algo negativo. Por ejemplo, un supervisor puede asesorar a un empleado para que cambie su enfoque diciendo: «Está aportando muchas buenas ideas sobre la mejora de la maquinaria, Bill. ¡Gracias! Si los de mantenimiento llevan a cabo tus sugerencias y aplican esas mejoras, ganarías tiempo. O un supervisor podría decir: «No estoy seguro de que vaya a funcionar para todos Bill, pero me gusta ver hacia dónde quieres ir con este tipo de ideas. Creo que estás en el camino correcto, aunque no se puedan aplicar todas». Correcciones como estas se pueden insertar en una Conversación de la Calidad Basada en el Comportamiento sin cambiar el carácter positivo de la conversación.

¿Qué hemos aprendido en este capítulo?

1. Las listas de control se pueden utilizar como base para las Conversaciones de la Calidad Basada en el Comportamiento.

2. La investigación ha demostrado que los diálogos positivos entre los supervisores y los empleados de primera línea se traducen en un mejor rendimiento, en menos accidentes, en mayores niveles de compromiso de los empleados y en una disminución de volumen de trabajo.

3. Las Conversaciones de la Calidad Basada en el Comportamiento se caracterizan por hacer preguntas, escuchar, proporcionar

sugerencias de mejora para el rendimiento, descubrir las barreras con las que se encuentran los empleados y por fortalecer la relación entre supervisor y empleado.

4. Las Conversaciones de la Calidad Basada en el Comportamiento proporcionan a los supervisores la oportunidad de hablar de los comportamientos o resultados que el empleado ha logrado, de una manera natural y genuina en un marco cómodo de un debate general.

5. Las Conversaciones de la Calidad Basada en el Comportamiento también le proporcionan al supervisor un contexto cómodo para aconsejar cambios en el comportamiento y hacer sugerencias de mejora sin que parezcan algo negativo.

7 ROL DE LA DIRECCIÓN GENERAL EN LA CALIDAD BASADA EN EL COMPORTAMIENTO

Los empleados de primera línea son sensibles a la conducta de los altos directivos. Los altos directivos establecen valores de la organización a través de lo que dicen y lo que hacen y esto va más allá de las decisiones que toman respecto a promociones, aumentos, despidos y bonificaciones. Cada nivel de la jerarquía de gestión observa a su superior. Si el alto directivo se centra en la calidad, usted puede estar seguro de que todos los directivos pertenecientes a niveles inferiores de supervisión bailarán al mismo son.

Cuando los altos directivos se preocupan por la calidad, a menudo tratan de controlarla con los métodos de mejora de la calidad ya establecidos. Es importante tener en cuenta que muchas de las iniciativas de mejora de calidad más populares son costosas, tanto en términos de costos directos e indirectos. Se requiere de gestiones caras y del tiempo de empleado de primera línea para alimentar la máquina de Lean Six Sigma. Si los altos directivos no ven el retorno de la inversión de este tipo de iniciativas, es probable que abandonen estos esfuerzos costosos independientemente de lo populares que sean. Puesto el trabajo del gerente general implica que se preste atención a los resultados, este se ve obligado a encontrar alguna otra iniciativa que ayude a impulsar la calidad de la productividad. A menudo, la atención de los altos directivos se centra en la fórmula milagrosa que está de moda entre sus competidores y las empresas de Fortune 500.

Cuando los altos directivos ya no hablan de una iniciativa o ya no muestran ningún interés en ella, el resto de la compañía comienza a mostrar cada vez menos entusiasmo también. Disminuyen los eventos, las reuniones se cancelan o no se programan, básicamente, la iniciativa sufre una muerte lenta por la falta de atención. La Calidad Basada en el Comportamiento puede ayudar. Los resultados de este enfoque se han documentado durante décadas; es barato en relación con las iniciativas populares de calidad, y se le quita mucho menos tiempo al empleado de primera línea o al directivo en comparación con esas iniciativas.

Consulta positiva

A lo largo del capítulo 6, discutimos sobre cómo los supervisores y gerentes pueden utilizar las conversaciones sobre calidad del comportamiento para mejorar el rendimiento. Sin embargo, la participación de la alta dirección no es la misma que la que los supervisores y gerentes de las Conversaciones de Calidad del Comportamiento pueden hacer. El papel de los altos directivos de la Calidad Basada en el Comportamientoes un tanto diferente. A esto se le llama consulta positiva.

El término consulta positiva sugiere que la información se recopila de manera constructiva y motivadora. Es decir, la información se recopila de una manera que tiene un impacto útil en la conversación con el empleado de primera línea. Sugiere que el gerente escucha lo que el empleado de primera línea tiene que decir y tiene un diálogo significativo acerca de la información de este último. Al final de la conversación, el empleado de primera línea se siente bien con respecto al debate y tiene la sensación de que el gerente entiende lo que le estaba diciendo.

Hace años, en el libro *En busca de la excelencia*, Peters y Waterman propusieron una expresión que ya es familiar, *dirigir paseando* (o *dirigir deambulando*). Algunas organizaciones se refieren a esto como *caminar, hacer rondas, paseos, tener presencia en el terreno* o dar *paseos gemba*. La Calidad Basada en el Comportamiento sugiere que los directivos visiten los departamentos o grupos de trabajo donde se han dado los problemas de calidad. Los gerentes también deben visitar a los grupos que están teniendo éxito con las iniciativas de calidad. En otras ocasiones, los gerentes pueden visitar con los miembros del Equipo de Acción de Calidad diferentes áreas al azar para llevar a cabo un control sobre el terreno del estado del proceso de la Calidad Basada en el Comportamiento. La idea del método de la Calidad Basada en el Comportamiento es utilizar las rondas o paseos como oportunidades para evaluar la productividad y recompensar por los progresos en calidad.

Durante la consulta positiva el gerente puede discutir los comportamientos de calidad y el impacto que tienen sobre la calidad del producto y la satisfacción del cliente. El gestor podrá abordar temas relacionados con las barreras y obstáculos con las que el Equipo de Acción para la Calidad se encuentra durante el cumplimiento de la calidad y constatar el progreso que están haciendo. La consulta positiva es esencial para mejorar los comportamientos de la calidad, ya que permite a los administradores tener conversaciones con los operadores y conocer sus percepciones y experiencias.

Los gerentes deberían hablar de la Calidad Basada en el Comportamiento

Los gerentes deben introducir el tema de la calidad siempre que tengan la oportunidad. Por ejemplo, pueden tomar una serie de medidas:

- Comenzar las reuniones con comentarios acerca de la Calidad Basada en el Comportamiento y la forma en que está progresando. Identificar las áreas específicas en las que se están produciendo resultados positivos. Mencionar a los supervisores que han hecho comentarios sobre el proceso de la Calidad Basada en el Comportamiento.

- Pedir informes directos sobre lo que están haciendo para apoyar la Calidad Basada en el Comportamiento. ¿Están hablando con los supervisores y empleados de primera línea? ¿Están haciendo visitas de campo y haciendo rondas para preguntar acerca de las experiencias de los empleados de primera línea?

- Preguntarle a todos los niveles de empleados de primera línea cómo va el proceso de la Calidad Basada en el Comportamiento ¿A los empleados de primera línea les gusta el proceso? ¿El Equipo de Acción de Calidad está defendiendo activamente el proceso en el campo?

- Pedir informes directos a empleados de primera línea sobre si se abordan y se eliminan las barreras y obstáculos para el rendimiento de calidad. Preguntar si hay algo que los gerentes deben hacer para mejorar o acelerar ese proceso.

- En las rondas, preguntarle a supervisores y empleados de primera línea sobre los datos de las listas de verificación y los datos de los resultados de calidad.

- Durante los debates sobre las consultas positivas reconocer, con un comentario positivo, cualquier mejora realizada por colaboradores directos, supervisores y empleados de primera línea.

- Fomentar la celebración de fiestas por haber logrado récords en los resultados de calidad. Si hay una celebración prevista por un nuevo récord de resultados de calidad, asegúrese de asistir.

- Comunicar a toda la organización las mejoras inmediatas en calidad.

Cómo organizar una celebración por la mejora de la calidad

Las celebraciones pueden jugar un papel importante en el proceso de la Calidad Basada en el Comportamiento. Las celebraciones son eventos que proporcionan reconocimiento a un grupo que ha alcanzado un objetivo de mejora de la calidad. Si se hace de manera efectiva, es una oportunidad para motivar a la gente respecto a sus logros. El Equipo de Acción de Calidad debería contar con una amplia gama de celebraciones para aquellos que cumplen las directrices que la empresa estableció. Es una buena ocasión para sacar ideas de los gerentes y de los empleados de primera línea dentro del departamento. El Equipo de Acción de Calidad debe estar de acuerdo con el tipo de celebración, como un almuerzo a base de pizza, y con el papel que cada miembro del Equipo de Acción de Calidad jugará en la celebración.

La celebración tiene que estar programada para que todos los empleados del departamento tengan la oportunidad de participar y disfrutar del evento. El Equipo de Acción de Calidad será el encargado de planificarla. Si es posible, la celebración debería tener lugar fuera de la zona de trabajo, en una sala de reuniones, cafetería, u otra área donde los empleados pueden reunirse y socializar con los demás.

El objetivo de la celebración es reconocer los logros obtenidos en calidad y discutir la forma en que se han conseguido. ¿Qué rol han tenido los empleados de primera línea o los gerentes? ¿Cómo fueron capaces los empleados de primera línea de ayudarse unos a otros? ¿Qué contribuyó a que los empleados de primera línea, a nivel individual, tuvieran éxito? El conocimiento de estos factores debe llevar a otros objetivos de calidad específicos.

Trate de involucrar a todo el mundo en la celebración mediante un debate o mediante un turno de preguntas. Si los empleados se sienten cómodos al hacerlo, pueden hacer breves comentarios al grupo. La celebración debe ser para todo el departamento, turno, o equipo, incluyendo la gestión y empleados de primera línea que no hayan tenido la oportunidad de realizar el comportamiento de calidad que se celebra. Si asisten empleados que no son del departamento, como los de mantenimiento, invítelos de todas formas. Los empleados deben salir con una idea clara de por qué se ha llevado a cabo la celebración y qué comportamientos hicieron los empleados de primera línea.

Gestión de las listas de verificación de mejora de calidad

Uno de los principales problemas de las iniciativas de mejora de calidad existentes, como Six Sigma y Lean, es que no tienen un proceso para proporcionar sistemáticamente retroalimentación positiva y reconocimiento de la participación, logro y mantenimiento. Sin retroalimentación positiva y reconocimiento, los gerentes y empleados de primera línea no lo ven como una prioridad. Las actividades y procesos lentamente se desvanecen y desaparecen.

Cirujanos, pilotos y astronautas utilizan listas de comprobación con el fin de motivarlos para que realicen comportamientos fundamentales para tener éxito. Hace unos años, durante nuestro trabajo con una de las mayores cadenas minoristas del mundo, el presidente y director general participó en un taller en el que le ayudamos a elaborar una lista de comportamientos que él consideraba fundamentales para su éxito personal. Quería especificar exactamente las conductas que habían llevado al éxito financiero de la empresa. La lista refleja los valores centrales de la compañía y los principios de gestión positivos. Él creía que la lista de verificación también reflejaba su compromiso personal con la mejora continua de sus habilidades de gestión. Presentó estos comportamientos cuando visitó las tiendas minoristas de la compañía y centros de distribución en todo el mundo. Hizo las rondas a pie intencionalmente durante las cuales habló con los empleados de primera línea de todos los niveles.

Cuando volvimos a visitarlo varios años más tarde, nos llevó a su oficina para mostrarnos algo que había sobre su escritorio. Con orgullo sacó su lista de verificación, que estaba al día y había sido utilizado activamente. Abrió un archivo en su ordenador y nos mostró de listas de control semanales que habían sido escaneadas y colocadas en el archivo durante años. Cada lista de control tenía fecha y notas garabateadas en la parte de atrás que lo impulsaron a seguir con algo que le había dicho un empleado o que le había prometido a uno de los empleados de primera línea. Dijo: «Cuando creamos esta lista de verificación, sabía que los puntos de la lista eran fundamentales para mi compromiso personal, para mí mismo y para la empresa. Quería usar la lista de verificación para establecer la responsabilidad personal por las cosas que sabía que era importante hacer. En los últimos años hemos construido varios cientos de nuevos puntos de venta y nuestras ventas y rentabilidad está por las nubes».

Taller para creación de listas de control para gerentes y el Equipo de Acción de Calidad

Para garantizar que los supervisores y los empleados de primera línea implementan con éxito la Calidad Basada en el Comportamiento y logran mejoras que aparecerán en los resultados, cada nivel de gestión, desde los altos directivos hasta la primera línea de supervisión, debería tener una lista de control de los comportamientos necesarios para el apoyo a la gestión. En este punto, el Equipo de Acción de Calidad tendrá la experiencia suficiente en la elaboración de listas de control de comportamientos de calidad para los empleados de primera línea y podrá ayudar a los gerentes de alto nivel en esta tarea.

El Equipo de Acción para la Calidad llevará a cabo un taller para cada nivel de dirección en la organización o en el lugar de trabajo. El propósito del taller es trabajar en colaboración con los directores y supervisores para construir listas de control de comportamientos necesarios para garantizar el éxito de la Calidad Basada en el Comportamiento y alcanzar los objetivos del plan de mejora de la calidad. El taller puede durar desde unas pocas horas hasta un día completo en función del número de participantes.

El Equipo de Acción de Calidad revisará y discutir los comportamientos enumerados en este capítulo y ajustará cada nivel de lista de control de gestión en consecuencia. Para rendir cuentas y asegurar que cada nivel de la administración recibe retroalimentación y reconocimiento, cada nivel tendrá una lista de comprobación para revisar las listas de control de sus subordinados directos. Revisar las listas de verificación y debatir la mejora de comportamientos de calidad es tan importante para los altos directivos como para los supervisores de primera línea.

El Equipo de Acción de Calidad hace un seguimiento de la eliminación de barreras

El Equipo de Acción de Calidad revisará los datos de observación de los supervisores, de los ingenieros de calidad y de los observadores de los empleados de primera línea. Todos los observadores les preguntarán a los empleados de primera línea observados qué puede hacer el Equipo de Acción de Calidad para que realicen un trabajo de mayor calidad. En muchos casos, la solución vendrá de la mano del supervisor, del equipo de mantenimiento o de los ingenieros.

En algunos casos, los cambios necesarios para mejorar la calidad van a requerir soluciones más complejas. Los sistemas de cambios, los cambios de procesos, los cambios en el equipo y las cuestiones de los proveedores son sólo algunos ejemplos de las cuestiones que requieren la participación de uno o más gerentes de alto nivel para. El Equipo de Acción de Calidad desarrollará un sistema de seguimiento que se podrá utilizar para documentar los cambios de los empleados de primera línea que son recomendables y necesarios para mejorar la calidad. Además, el Equipo de Acción de Calidad desarrollará un procedimiento para pasarle los cambios a los expertos para que los revisen y actuar sobre ellos.

Un miembro del Equipo de Acción de Calidad le entregará al administrador correspondiente los cambios que requieran la firma de uno o más directivos. El Equipo de Acción de Calidad mantendrá una lista actualizada de todos los puntos de acción de mejora de la calidad y mantendrá a los empleados de primera línea informados sobre el estado de las acciones iniciadas a raíz de sus comentarios.

¿Qué hemos aprendido en este capítulo?

1. Los altos directivos deben apoyar la Calidad Basada en el Comportamiento mediante consultas positivas. La consulta positiva implica que la información se recopile de manera constructiva y motivadora. El gerente escucha lo que un empleado de primera línea tiene que decir y mantiene un diálogo significativo acerca de la información que le transmite el empleado de primera línea.

2. Los gerentes deben visitar a los grupos que están teniendo éxito con las iniciativas de calidad. También pueden visitar, junto a los miembros del Equipo de Acción de Calidad, diferentes áreas al azar para llevar a cabo un control en el terreno sobre el estado del proceso de la Calidad Basada en el Comportamiento.

3. Los gerentes deben comenzar las reuniones con comentarios acerca de la Calidad Basada en el Comportamiento; pedir informes directos de lo que se está haciendo para apoyar la Calidad Basada en el Comportamiento; preguntar a todos los niveles cómo va el proceso de la Calidad Basada en el Comportamiento; preguntar si se están eliminando las barreras y obstáculos; pedir las listas de datos y resultados de calidad; reconocer cualquier mejora, propiciar celebraciones por conseguir resultados de calidad y comunicar las mejoras inmediatas.

8 INCORPORACIÓN DEL ENFOQUE CONDUCTUAL EN UNA INICIATIVA DE CALIDAD EXISTENTE

Este capítulo trata sobre cómo incorporar un enfoque conductual a una iniciativa de calidad existente para garantizar una implementación de éxito y continua. Los diversos enfoques de mejora de calidad (Gestión de la Calidad Total, Mejora Continua, Six Sigma, Lean, World Class Manufacturing y otros) han proporcionado excelentes herramientas para el análisis de las causas de los problemas de calidad y para rediseñar medidas para mejorar la calidad.

Pero imagine que usted trabaja en un proceso que acaba de ser rediseñado para mejorar la calidad. La siguiente lista describe lo que experimenta en este momento. Al revisar la lista, pregúntese cómo influiría en usted cada nuevo elemento. ¿Sería más probable que se involucrara en el nuevo proceso o que siguiera haciendo su trabajo como lo hacía en el pasado?

- Se han eliminado los períodos de inactividad durante el día.

- Se han eliminado las oportunidades para socializar.

- Dependiendo de las necesidades, deberá manejar varias piezas del equipo, no sólo una.

- Tendrá que recopilar y registrar los datos.

- Deberá comunicarse con gente que desempeña otras funciones y que tienen diferentes orígenes, formación y objetivos.

- Tiene responsabilidades añadidas, tales como la limpieza y el mantenimiento de su equipo o la inspección de su propio trabajo.

- Ahora se encuentra constantemente en pie cuando antes te podías sentar.

- Ahora debe utilizar una computadora, tableta u otro dispositivo electrónico.

- Ahora se espera que lea los procedimientos técnicos o diagramas.

- Ahora debe escribir notas que documentan sus actividades.

- Ahora debe ordenar su área de trabajo de una determinada manera.

- Ahora se espera que haga un autoinforme de sus propios errores.

- Ahora debe señalar los errores cometidos por otros.

- Se espera que reconozca que no sabe algo y que haga preguntas.

- Se le da más trabajo inmediatamente después de terminar una tarea.

- Ahora debe emitir juicios que previamente emitía su jefe.

- La velocidad de trabajo y las tareas de trabajo cambia constantemente en función de la demanda y del flujo de trabajo.

Alguno de los elementos del nuevo proceso pueden resultarle frustrante o molesto o, cuanto menos, extraño y diferente. Puede que sienta la tentación de seguir haciendo las cosas como antes. Muy a menudo, sin hacerlo deliberadamente, los empleados de primera línea deciden volver a los viejos hábitos; esto sucede cuando tratan de evitar experiencias desagradables o difíciles como las mencionadas anteriormente. Estos aspectos negativos no están hechos a propósito; los diseñadores de calidad no han querido elaborar un proceso que pueda parecer un castigo, pero los empleados de primera línea lo viven de esta manera.

Los empleados de primera línea, los supervisores y los gerentes pueden encontrarse con retos durante el nuevo proceso: nuevas formas de trabajo que resultan difíciles, que se cometan errores al principio y que se tarde más tiempo en hacer el trabajo. No importa lo lógico que parezca el proceso a ojos de quien lo ha diseñado, si los seres humanos que trabajan en él se encuentran con más aspectos negativos que positivos, su comportamiento se debilitará.

¿Debería incorporar el Enfoque Conductual?

Profesionales de calidad inevitablemente descubren que mientras que los enfoques de calidad ofrecen herramientas de análisis útiles, *el éxito de un esfuerzo de calidad no depende de estas sino de las personas*. ¿Debería incluir el enfoque conductual a su plan de calidad? Piense en algunos proyectos desafiantes en su esfuerzo de calidad. ¿Ha experimentado alguna de estas situaciones?

- El equipo de trabajo no acepta una solución de calidad bien diseñada y desarrollada por el equipo de su proyecto de calidad.

- Las ganancias iniciales de un nuevo proceso terminan desapareciendo con el tiempo.

- Los administradores tienen poco éxito en la calidad a pesar de que instan repetidamente a los empleados de primera línea a que se centren en planes bien diseñados.

- Los empleados de primera línea parecen necesitar formación repetidamente.

- Los impulsores de calidad se quejan de que la organización carece de una cultura orientada a la calidad.

- Las auditorías de calidad encuentran una y otra vez los mismos problemas.

- Los empleados de primera línea hacen lo mínimo para pasar las auditorías de calidad.

- Se invierte más tiempo y esfuerzo en encontrar y corregir los problemas de calidad que en prevenirlos.

- Hay una gran cantidad de documentación de calidad (procedimientos, estándar de trabajo, planes de control de la actuación) pero en el lugar de trabajo no se refleja.

- Las proyecciones sobre el ahorro de calidad y el retorno de la inversión no parece que aparecerá en los resultados.

Todas estas situaciones indican que no se está dando una Calidad Basada en el Comportamiento.

Incluir el comportamiento en las herramientas de calidad

Incluir el enfoque conductual en su esfuerzo de calidad, ayuda a comprender el comportamiento de las herramientas de los niveles de calidad. En particular, aplicar la conducta a

- mapas de procesos,

- diagramas de espina de pescado,

- planes de acción de calidad.

Mostrar los comportamientos fundamentales para la calidad en los mapas de procesos. A menudo, el primer paso en la mejora de la calidad es dibujar el estado en el que se encuentra la cuestión en un diagrama de flujo del proceso. El equipo que estudia un problema de calidad dibuja un diagrama de flujo que muestra el proceso de trabajo actual con una representación real de los problemas que hay en el proceso. Posteriormente, el equipo identifica formas de mejorar el proceso y dibuja un futuro estado o mapa que muestra el nuevo y mejorado conjunto de pasos del proceso.

Un mapa de procesos se supone que es una imagen del proceso, pero si la imagen no resalta los comportamientos fundamentales para la calidad puede que se ignoren o debiliten esos comportamientos.

Para aplicar el enfoque conductual a su esfuerzo de calidad, empiece por reflejar la conducta en los mapas de procesos. Identifique los puntos en el mapa de procesos en los que deben aparecer los comportamientos fundamentales para la calidad. Si es necesario, incluya una tabla debajo del mapa de procesos para enumerar los comportamientos de calidad, los participantes y cómo se recopilan los datos de comportamiento.

Una vez que los comportamientos de calidad son visibles en un mapa de procesos, el equipo puede abrir un debate productivo sobre esos comportamientos. ¿Con qué frecuencia ocurren estos comportamientos? ¿Cómo de bien se están llevando a cabo? ¿Qué datos se recogen sobre estos comportamientos? ¿Qué sucede con los empleados de primera línea cuando realizan los comportamientos? ¿Cómo se puede proporcionar retroalimentación basada en datos de los participantes? ¿Qué consecuencias positivas puede haber por el comportamiento mejorado?

La ausencia de retroalimentación y consecuencias positivas como causas de problemas de calidad. Para identificar las causas de un problema de calidad, los equipos de calidad a menudo usan un diagrama de espina de pescado (también llamado de diagrama de Ishikawa) para ilustrar las posibles causas del problema. Los principales tipos de causas se dibujan como grandes líneas (grandes espinas de pez), y luego las causas específicas se dibujan como líneas más pequeñas (pequeñas espinas de pez). La mayoría de los diagramas de espina de pescado tienen gran importancia para los trabajadores. El equipo enumera las posibles causas relacionadas con las personas del problema y la gente puede ver en el diagrama el componente personal.

La dificultad de muchos diagramas de espina de pescado reside en que son incompletos en cuanto a la identificación del comportamiento de calidad y de las causas del comportamiento de baja calidad. A menudo la causa principal que figura en la espina de pescado es la falta de formación. Es cierto que la falta de preparación (debido a la falta de formación o práctica) es una de las causas de las conducta de baja de calidad. Pero si la falta de formación es la única causa identificada relacionada con personas, entonces la solución será siempre la formación, el reciclaje profesional y otra vez más formación (esto se puede observar en muchos proyectos de calidad). Como se dijo anteriormente, la formación no es una solución total. Por supuesto, la formación identifica lo que el empleado de primera línea tiene que hacer para garantizar la calidad, pero si el empleado de línea no realiza las conductas esenciales identificadas en la capacitación, entonces el problema de la calidad no está resuelto.

Al construir el componente personal de un diagrama de espina de pescado, considere siempre cuatro espinas de pescado más, además de la formación, que afectan el comportamiento:

- No definir o comunicar los comportamientos fundamentales para la calidad.

- Los empleados de línea no reciben retroalimentación por el comportamiento de calidad.

- Las consecuencias después de que los empleados realicen el comportamiento crucial para la calidad son negativas o neutrales. No hay un refuerzo positivo tras haberlo hecho.

- Las consecuencias por la realización de conductas de mala calidad son positivas. Es más rápido o más fácil hacer otra cosa que llevar a cabo los comportamientos de calidad.

Si se observa alguno o todos estos puntos, entonces las medidas que hay que tomar con respecto a la conducta son claras:

- Identificar con precisión los comportamientos de calidad y comunicarlos.

- Proporcionarle con frecuencia a los empleados información basada en datos sobre su trabajo.

- Fomentar el refuerzo verbal positivo para los empleados de primera línea cuando se realice el comportamiento.

Añadir comentarios y reconocimiento a los planes de acción de calidad. Los equipos de calidad suelen completar un plan de acción de calidad, que a veces recibe el nombre de plan DMAMC (Definir, Medir, Analizar, Mejorar y Controlar), para resumir sus pasos, análisis, contramedidas e implementación. Los planes de acción enumeran los cambios diseñados para mejorar el proceso. La intención es que el propietario del proceso y el equipo de trabajo se comporten según sea necesario para controlar y mantener el nuevo proceso.

Todos los planes de acción de calidad deben incluir planes para las observaciones de comportamientos de calidad y conversaciones de retroalimentación con los participantes. Un cambio en el proceso siempre implica un cambio en el comportamiento, y un cambio en el comportamiento siempre requiere de retroalimentación y refuerzo positivo. Un plan de acción para mantener o controlar un nuevo proceso que no incluya planes para la retroalimentación y reconocimiento es un plan débil, porque la calidad, al fin y al cabo, tiene que ver con las personas.

¿Qué hemos aprendido en este capítulo?

1. Un plan de calidad puede ser rigurosamente desarrollado, pero si los empleados de primera línea no reciben la retroalimentación y reconocimiento por la realización de las conductas de calidad necesarias para implementar el plan, tendrán dificultades para cambiar su comportamiento.

2. Algunas formas de incorporar el enfoque conductual a las herramientas de calidad consisten en:

   a. Mostrar comportamientos de calidad en los mapas de procesos.

   b. Buscar las posibles causas de los problemas de calidad en la ausencia de retroalimentación y las consecuencias positivas.

   c. Añadir comentarios y reconocimiento a los planes de acción de calidad.

9 UNIÓN DE LOS COMPORTAMIENTOS DE SEGURIDAD Y LOS COMPORTAMIENTOS DE CALIDAD

La Seguridad Basada en el Comportamiento es un enfoque que tiene un gran impacto en la reducción de incidentes y lesiones en el lugar de trabajo. La eficacia de la Seguridad Basada en el Comportamiento no sólo ha hecho que las empresas de todo el mundo ahorren mucho dinero, también se ha salvado la vida de muchas personas. El enfoque de Seguridad Basada en el Comportamiento ha existido de una forma u otra durante 40 años. Hace unos 25 años, como resultado de la publicación de artículos y libros sobre Seguridad Basada en el Comportamiento por parte de las autoridades en la materia, se desarrollaron normas de carácter informal relacionadas con la práctica de este tipo de seguridad. Durante décadas se han publicado estudios sobre la eficacia de Seguridad Basada en el Comportamiento en las principales revistas académicas de seguridad y este método se sigue aplicando en todo el mundo.

Las consultoras de Seguridad Basada en el Comportamiento comenzaron fuertes campañas de márquetin y dieron conferencias sobre este tipo de proceso de seguridad. Pronto la literatura de las compañías de Seguridad Basada en el Comportamiento comenzó a aparecer en la bandeja de entrada de todos los profesionales de seguridad. Revistas de seguridad profesionales y publicaciones de la industria publicaron regularmente artículos y casos de éxito de Seguridad Basada en el Comportamiento.

Compañías de Fortune 100 comenzaron a implementar Seguridad Basada en el Comportamiento y la potenciación de los empleados se puso de moda. La Seguridad Basada en el Comportamiento se estaba haciendo famosa como iniciativa de gestión con apoyo impulsado por los empleados con resultados de seguridad probada al mismo tiempo que tenía un impacto positivo en la productividad y la rentabilidad. Como se hizo mucha publicidad de los resultados de la Seguridad Basada en el Comportamiento, el proceso se extendió como la pólvora a través de empresas e industrias. Era difícil encontrar una empresa, grande o pequeña, que no se encontrara en alguna fase de implementación de Seguridad Basada en el Comportamiento.

Las acciones de la Calidad Basada en el Comportamiento tiene muchos elementos en común con la Seguridad Basada en el Comportamiento. La implementación de uno de estos enfoques a menudo allana el camino para el otro, lo que permite a las empresas que su inversión en formación sea más rentable. A menudo, las iniciativas de la Seguridad Basada en el Comportamiento y de la Calidad Basada en el Comportamientose pueden integrar para evitar que los esfuerzos se dupliquen. Por ejemplo, los comportamientos fundamentales para la calidad y la seguridad podrían incluirse en una sola lista. La Seguridad Basada en el Comportamiento y la Calidad Basada en el Comportamiento son muy compatibles, y cuando se combina crean un retorno de la inversión que justifica sobradamente los gastos que implica sostener ambas iniciativas.

Elementos fundamentales de Seguridad Basada en el Comportamiento y la Calidad Basada en el Comportamiento

La mayoría de las empresas no saben que las iniciativas de Seguridad Basada en el Comportamiento descansan sobre una base científica que ha existido durante más de 50 años, una base que ya ha sido utilizada por muchas empresas para alcanzar mejoras espectaculares en la calidad, la productividad, la puntualidad y el servicio al cliente.

La base científica cuenta con cinco elementos fundamentales que se pueden aplicar a cualquier objetivo de organización donde el comportamiento humano sea un factor.

Los cinco elementos fundamentales del enfoque conductual son

1. identificar comportamientos cruciales;

2. desarrollar listas de control de comportamiento;

3. observar a los empleados de primera línea de trabajo;

4. proporcionar retroalimentación positiva por realizar los comportamientos fundamentales;

5. seguimiento de los datos de comportamiento.

La figura 6 muestra los componentes clave que forman la dinámica tanto de la Seguridad Basada en el Comportamiento como de la Calidad Basada en el Comportamiento.

Los procesos más efectivos de Seguridad Basada en el Comportamiento se centran en los comportamientos seguros y no seguros específicos, crean listas de control de conductas o prácticas que reducen el riesgo de lesiones, recogen datos a través de la observación directa y proporcionan a los empleados de primera línea retroalimentación y reconocimiento positivo y correctivo por comportarse de manera segura. Esto significa que si ha implementado un plan de Seguridad Basada en el Comportamiento

Elemento en común	Seguridad Basada en el Comportamiento	Calidad Basada en el Comportamiento
Localización de comportamientos fundamentales	Identificar comportamientos inseguro y seguro	Identificar comportamientos de calidad
Desarrollar una lista de comportamientos	Las listas están personalizadas	Las listas están personalizadas
Observar el trabajo de los empleados de primera línea	• Garantizar a los observadores que pueden identificar los comportamientos críticos para la seguridad • Proporcionarles práctica y formación a los observadores	• Garantizar a los observadores que pueden identificar los comportamientos cruciales para la calidad • Entregue práctica y capacitación a los observadores
Proporcione retroalimentación positiva por realizar los comportamientos	• Capacite a los observadores para que tengan conversaciones sobre observación de seguridad • Observadores incluyen comentarios positivos sobre el comportamiento en conversaciones de observación de seguridad	• Capacite a los observadores para que tengan conversaciones de observación sobre calidad • Observadores incluyen comentarios positivos sobre el comportamiento en conversaciones sobre calidad conductual
Seguimiento de datos conductuales	• Seguimiento de pautas en los comportamientos de seguridad observados • Compare pautas en comportamientos y en incidentes	• Seguimiento de pautas en los comportamientos de calidad observados • Compare pautas en comportamientos de calidad y pautas en resultados de calidad

Figura 6. Elementos comunes de la Seguridad Basada en el Comportamiento y de la Calidad Basada en el Comportamiento

en su organización o en lugar de trabajo, ya ha empezado a usar los elementos básicos del enfoque de comportamiento y que ya aplica la Calidad Basada en el Comportamiento.

Sinergias entre un Comité de Dirección de Seguridad Basada en el Comportamiento y un Equipo de Acción para la Calidad

La mayoría de los procesos de Seguridad Basada en el Comportamiento tienen un Comité de Dirección, que es un equipo transversal formado por empleados de primera línea, gerentes y profesionales que procesan los datos basados en la conducta de seguridad, facilita la eliminación del riesgo y elimina las barreras a la seguridad. El Equipo de Acción de Calidad, que se crea cuando se implementa la Calidad Basada en el Comportamiento (ver Capítulo 3), y el Comité Directivo de Seguridad Basada en el Comportamiento son similares porque miran por la eliminación de los obstáculos organizativos que interfieren en el desempeño de los empleados de primera línea e interactúan directamente con la alta dirección para agilizar las decisiones que requieren gastos de capital y cambios en toda la empresa. También interactúan con los observadores y los empleados de primera línea, recopilan y analizan los datos, y monitorean el grado de compromiso de los empleados de primera línea y el apoyo a la iniciativa.

A pesar de que sus funciones se superponen, el Comité Directivo de Seguridad Basada en el Comportamiento y el Equipo de Acción de Calidad probablemente deberían ser grupos separados. No obstante, si su organización cuenta con un proceso maduro de Seguridad Basada en el Comportamiento, usted puede optar por que uno o más miembros del Comité Directivo de Seguridad también forme parte del Equipo de Acción de la Calidad. Las experiencias y habilidades que los miembros del Comité Directivo de Seguridad Basada en el Comportamiento pueden aportar al Equipo de Acción de Calidad son las siguientes:

- Cómo identificar comportamientos y crear hojas de observación

- Cómo formar y asesorar a los observadores.

- Cómo establecer la frecuencia de los objetivos de observación y preparar los horarios.

- Cómo resumir y analizar datos de lista de observación

Incluir a los miembros del Comité Directivo de Seguridad Basada en el Comportamiento en el Equipo de Acción para la Calidad refuerza su inversión en el Comité Directivo gracias a la aportación de sus de habilidades basadas en la conducta de seguridad y a la aplicación del enfoque conductual a un objetivo clave del desempeño organizacional. También revitaliza su proceso de Seguridad Basada en el Comportamiento a través de los debates que tendrán sobre cómo combinar los dos procesos para aprovechar las funciones que se superponen.

Observadores de la seguridad basada en el comportamiento y observaciones de la calidad

Los observadores de la Seguridad Basada en el Comportamiento y observadores de la Calidad Basada en el Comportamiento realizan la misma función básica: la observación directa de la conducta de trabajo de empleados de primera línea. Además, tienen que proporcionar retroalimentación sobre si están trabajando de forma segura o si se limitan a la realización de los comportamientos de calidad esenciales para los resultados. Listas de observación se pueden adaptar fácilmente tanto a la seguridad como a la calidad. A diferencia de las listas de comprobación que se crean para asegurar que las condiciones de trabajo y que el equipo está trabajando en orden, las de seguridad y listas de control de calidad contribuyen a que los empleados de línea se centren en acciones cruciales para evitar cualquier lesión o una mala calidad.

Si ya hay en la plantilla observadores de Seguridad Basada en el Comportamiento es fácil formarlos en las Conversaciones de la Calidad Basada en el Comportamiento (véase el capítulo 6). Los observadores de Seguridad Basada en el Comportamiento tienen una formación diferente según el modelo de Seguridad Basada en el Comportamiento de seguridad aplicado, pero en general la formación hace hincapié en que se les proporcione retroalimentación positiva a los empleados de primera línea y en que se mantenga el debate sobre los posibles problemas.

Revitalizar y revigorizar su proceso de la Seguridad Basada en el Comportamiento con la Calidad Basada en el Comportamiento

Todos los procesos de seguridad basadas en la conducta es probable que necesiten una dosis de refuerzo en algún punto, algo para ayudar a los gerentes y empleados de primera línea a renovarse y volver a centrarse en el proceso. La integración del proceso de la Calidad Basada en el Comportamiento en su proceso de Seguridad Basada en el Comportamiento hace precisamente eso: invita a todo el mundo a que aplique sus habilidades procedentes de la Seguridad Basada en el Comportamiento a los objetivos fundamentales para la organización. Las observaciones y comentarios se convierten en parte de la cultura total y no sólo parte de la cultura de seguridad. Cada vez más empleados se convierten en expertos en dar y recibir retroalimentación. Las soluciones a los problemas de calidad y la mejora de la calidad fortalecen la base de la organización de los clientes, aumenta la competitividad y fortalecer los resultados. En el fondo, todo es para crear una base para la seguridad en el empleo, ascensos y promociones.

La integración de sus procesos de Seguridad Basada en el Comportamiento mediante la aplicación de sus recursos a la calidad es una forma obvia de reforzar la inversión de la organización en la implementación y el mantenimiento de la Seguridad Basada en el Comportamiento. A menudo, no se percibe la sinergia clara y las oportunidades que esto conlleva para una organización porque las áreas funcionales de muchas organizaciones están separadas. En otras palabras, la seguridad y las operaciones tienen diferentes objetivos y prioridades y no existe un foro para revisar las oportunidades que hay a nivel interdisciplinar.

Implicación y apoyo de los directivos

Hay un factor común a todas las iniciativas de éxito para cambiar el rendimiento de la organización: la implicación y el apoyo de los directivos. Si sus gerentes no están involucrados de manera activa y apoyan visiblemente su proceso de Seguridad Basada en el Comportamiento, entonces es probable que el proceso de seguridad se complique. En el proceso de la Calidad Basada en el Comportamiento, el objetivo fundamental del taller para dirigentes del Equipo de Acción de la Calidad es ayudar a los administradores a crear una lista de comportamientos que los involucre en el proceso mejora de calidad del Comportamiento y aseguren su éxito. Algunos comportamientos que demuestran que los directivos están interesados en lo que ocurre en el proceso de la Calidad Basada en el Comportamiento son los siguientes:

- Utilizar el formato de la Conversación de la Calidad Basada en el Comportamiento: hacer preguntas sobre calidad durante las conversaciones que mantiene en sus rondas con los empleados de primera línea.

- Revisar la Calidad Basada en el Comportamientoen cualquier reunión con directivos.

- Asistir a las reuniones del Equipo de Acción de Calidad de vez en cuando.

- Revisar los resultados de mejora de la calidad de la con los subalternos.

- Hacer preguntas sobre los esfuerzos de mejora de calidad y sobre cómo transcurren.

- Preguntar sobre acciones específicas dirigidas a la mejora y cómo está abordando esas cuestiones el Equipo de Acción de Calidad.

- Asegúrese de que el mantenimiento está agilizando las órdenes de trabajo relacionadas con los planes de acción creados por el Equipo de Acción para la Calidad.

El mito de gestión que erosiona la línea de base

Existe un mito entre los altos directivos y ejecutivos: por lo general asumen que los problemas de calidad sólo pueden resolverse de forma cara. Las grandes iniciativas de calidad grandes que son muy costosas de implementar y consumen grandes cantidades de tiempo del gerente y empleados de primera línea son la solución por defecto para la mayoría de las grandes corporaciones. La suposición es que si no es caro, no puede ser una solución seria.

Las clases de formación y talleres por sí mismas no cambia los comportamientos del empleado de primera línea en el desempeño del trabajo ni resuelven los problemas de rendimiento; del mismo modo que la formación seguridad por sí sola no es una solución adecuada para las lesiones en el lugar de trabajo. Los estudios sobre *Transferencia de Formación* indican que entre el 10 por ciento y 30 por ciento de las clases de formación conduce a un cambio de comportamiento de los empleados de línea en el trabajo. Ahí comienza el mito perpetuado a lo largo de los pasillos de las compañías, el mito que impregna las grandes corporaciones internacionales: «Instalaremos el Lean Six Sigma que solucionará nuestros problemas de calidad y conducirá a una mejora de la calidad» Es cierto que la mayoría de las iniciativas de calidad derivadas del Sistema de Producción Toyota instauraron sistemas y procesos sólidos. A menudo identifican oportunidades para que los empleados de línea mejoren la calidad; pero no proporcionan un proceso sistemático para identificar, documentar, medir y motivar la aparición de nuevos comportamientos en los empleados de primera línea necesarios para cambiar las prácticas del pasado.

En última instancia, el único proceso de cambio de comportamiento que se ha demostrado que funciona en cientos de estudios científicos basados en la evidencia es el enfoque conductual:

• Identificar específicamente el comportamiento que desea que el directivo o empleado de primera línea lleve a cabo.

• Comunicar los comportamientos a los participantes para que sepan los procedimientos que conducen a resultados.

• Recopilar estos comportamientos en una lista de control para que el participante la vea y sea consciente de los nuevos comportamientos.

• Utilizar la lista de comprobación para crear un sistema de medición para que el trabajador pueda saber que se realizó la conducta y la tasa de mejora.

• Proporcionar al participante retroalimentación oportuna y reconocimiento por sus esfuerzos por seguir la lista de verificación y realizar los nuevos comportamientos.

Durante la formación, solo se debate e identifica el nuevo comportamiento que es necesario para la mejora de la organización. En el enfoque conductual, se le proporciona a cada participante y al gerente un sistema de medición para confirmar que realmente han cambiado el comportamiento. Sincronizar el cambio con la retroalimentación y el refuerzo positivo, crea la responsabilidad positiva que se necesita para asegurar que se adopta y realiza el comportamiento entrenado.

En resumen, que exista ya un proceso de Seguridad Basada en el Comportamiento, facilitará la implementación de la Calidad Basada en el Comportamiento porque la organización ya tiene experiencia en localizar conductas, crear listas de control, hacer observaciones, proporcionar información, recopilar y analizar los datos sobre el comportamiento. Del mismo modo, implementar una Calidad Basada en el Comportamiento puede reactivar un proceso de Seguridad Basada en el Comportamiento al hacer observaciones y proporcionar información arraigada en la cultura total.

¿Qué hemos aprendido en este capítulo?

1. La Calidad Basada en el Comportamiento y la Seguridad Basada en el Comportamiento comparten cinco elementos conductuales fundamentales:

    a. identificar comportamientos fundamentales;

    b. el desarrollo de listas de control de comportamiento;

    c. observar el trabajo de empleados de primera línea;

    d. proporcionar retroalimentación positiva por realizar los comportamientos fundamentales;

    e. el seguimiento de los datos de comportamiento.

2. La aplicación de uno de estos enfoques a menudo allana el camino para el otro. Los dos enfoques a menudo se pueden integrar duplicando al mínimo los esfuerzos. Por ejemplo, los

comportamientos de calidad y las conductas de seguridad podrían incluirse en una sola lista de observación.

3. Los administradores deben crear una lista de comportamientos que le demuestren a la organización su apoyo a la Calidad Basada en el Comportamiento, como preguntar sobre la calidad empleados de primera línea durante las rondas y revisar el progreso de la Calidad Basada en el Comportamiento en las reuniones con los directivos.

CONCLUSIÓN

El propósito de este libro es presentar una herramienta con un valor añadido para los esfuerzos de mejora de la calidad. El enfoque conductual se sincroniza con todas las grandes iniciativas de calidad y mejora su eficacia sin interferir o cambiar sus elementos centrales.

Somos conscientes de que muchos profesionales de la calidad pueden tener dificultades para incorporar el factor humano en la gestión de la calidad. Los ingenieros de calidad y profesionales de calidad son educados para que se centren en "el proceso" como componente clave del control y la mejora de la calidad.

Este libro no cuestiona los principios de calidad; sino que exhorta a los profesionales de este ámbito a que se aprovechen de la ciencia del comportamiento para mejorar las iniciativas de calidad haciendo que los empleados utilicen los principios de manera más eficaz y aplicando consecuencias positivas por hacerlo.

Cuando a los profesionales de seguridad se les presentó por primera vez el concepto de ciencias del comportamiento, hubo diferentes reacciones. Es comprensible ya que las nuevas herramientas a menudo se ponen en duda.

Actualmente, la Seguridad Basada en el Comportamiento es aceptada por una gran mayoría de la comunidad de seguridad y su valor rara vez se cuestiona. La implementación de la Seguridad Basada en el Comportamiento en las organizaciones ha contribuido, de manera significativa, al fortalecimiento de la cultura de seguridad gracias a la distribución de la responsabilidad de gestión de la seguridad entre todos los empleados de primera línea. Hay investigaciones abrumadoras y pruebas basadas en datos que indican el valor que tiene la Seguridad Basada en el Comportamiento para reducir significativamente las lesiones de los empleados de primera línea. Del mismo modo, los autores tienen en conjunto 130 años de experiencia en la aplicación del enfoque conductual en los negocios y en la industria.

En muchas organizaciones, el enfoque conductual se ha convertido en un componente fundamental de la gestión. Que todos los empleados de línea identifiquen las conductas de éxito y proporcionar información oportuna y reconocimiento por esos comportamientos son las piezas centrales de la filosofía de gestión para muchas compañías de Fortune 100. Una de las empresas más grandes del mundo que describe su método de gestión como un «liderazgo basado en el refuerzo».

Así que humildemente le sugerimos a la comunidad de calidad que experimente el proceso que hemos introducido. Tenemos mucho en común con los profesionales de la calidad; llevamos muchos años de nuestras vidas dedicándonos a la mejora de los servicios y de los productos de calidad para el comercio y la industria en todo el mundo.

Conclusión

No somos formadores, aunque la preparación es parte de nuestra práctica. Somos principalmente consultores. Como profesionales de la calidad, somos responsables de nuestro trabajo y de sus resultados. Así que los consejos de este libro han sido probados cientos de veces.

Entendemos lo que implica introducir algo nuevo y que su credibilidad está en riesgo. Creemos que ponemos a su disposición una herramienta que mejorará y sostendrá las iniciativas de calidad y incrementará el valor de su organización.

REFERENCIAS

Chakravorty, S. (2010, January 25). Where process-improvement projects go wrong. *The Wall Street Journal*.

Farris, J., Van Aken, E., Doolen, T., & Worley, J. (2008). Learning from less successful Kaizen events: a case study. *Engineering Management Journal, 20* (3), 10-20.

George, M. L., Maxey, J., Rowlands, D., & Price, M. (2004). *The Lean Six Sigma Pocket Toolbook*. New York: McGraw-Hill.

Komaki, J. L. (1998). *Leadership from an Operant Perspective*. New York: Routledge.

Michigan Occupational Safety & Health Administration (2011). Guidelines for developing a permit required confined space entry written program. Retrieved from http://www.michigan.gov/documents/dleg/deleg_wsh_cet533 0_346240_7.doc

Näslund, D. (2013). Lean and six sigma—critical success factors revisited. *International Journal of Quality and Service Sciences, 5* (1), 86-100.

Pay, R. (2008, March 1). Everybody's jumping on the lean bandwagon, but many are being taken for a ride—lean might not always produce the expected benefits and here's why. *Industry Week*.

Peters, T. J., & Waterman, Jr., R. H. (1982). *In Search of Excellence: Lessons from America's Best-Run Companies*. New York: Harper & Row.

Rosemary, R. F., & Wempe, W. F. (2009). Lean manufacturing, non-financial performance measures, and financial performance. *International Journal of Operations & Production Management, 29* (3), 214-40.

GLOSARIO

Asesoramiento. Hablar con un participante acerca de su comportamiento proporcionándole información sobre el progreso, retroalimentación y refuerzo positivo por la mejora, y la retroalimentación correctiva para cualquier cambio necesario.

Calidad Basada en el Comportamiento. El uso de herramientas de comportamiento para centrarse en el «lado humano» de calidad.

Comportamiento. Una acción observable y que se puede contar; cualquier cosa que alguien hace o dice. Se identifican comportamientos precisos relacionados con el rendimiento laboral o la seguridad en el trabajo. El objetivo es aumentar la frecuencia de las conductas de valor añadido mediante la retroalimentación y el refuerzo positivo.

Comportamiento crítico para la calidad. Comportamiento que tiene un gran impacto e impulsa un resultado de calidad. Por ejemplo, «la calibración del equipo antes de iniciar el trabajo» puede ser un comportamiento observable, contable que tiene un impacto directo y positivo en la calidad de los resultados.

Consecuencia negativa. Un evento que sigue un comportamiento y que disminuye la probabilidad de que la conducta se repita. (La «negatividad» de una consecuencia se determina por el efecto desalentador sobre el comportamiento futuro, no por la intención del que causa esta consecuencia.)

Consecuencia positiva. Un evento que sigue un comportamiento que aumenta la probabilidad de que la conducta se repita. (La «positividad» de una consecuencia se determina por el efecto estimulante sobre el comportamiento futuro, no por la intención del que provoca la consecuencia).

Consulta positiva. Reunir información de una manera constructiva y motivadora. El gerente escucha lo que el empleado de primera línea tiene que decir, y tiene un diálogo significativo acerca de la información que el empleado de línea le ha transmitido.

Conversación de la Calidad Basada en el Comportamiento. Una conversación en la que un observador o gerente analiza los comportamientos críticos para la calidad con un empleado de primera línea, así como otros temas de trabajo o el rendimiento del empleado de línea.

Desviación del comportamiento. Un fenómeno en el que los empleados o gerentes de línea se desvían de la «forma en que se supone que deben hacer las cosas», dejando de lado las medidas prescritas y añadiendo su propio toque personal al trabajo. Por ejemplo, se puede esperar que los empleados de línea escriban notas detalladas sobre el rendimiento de la producción en un libro de registro en cada turno, pero en ausencia de retroalimentación y refuerzo positivo por haberlo hecho, puede que anote solo una o dos palabras.

Enfoque conductual. Un enfoque científico para reforzar la conducta que incluye cinco pasos. En primer lugar, identificar los comportamientos específicos, observables que mejoren un objetivo de rentabilidad. En segundo lugar, comunicar la lista de esos comportamientos relevantes a los participantes. En tercer lugar, crear una lista de verificación para recordarles a los empleados de línea los comportamientos detectados. En cuarto lugar, monitorear el comportamiento de los empleados de primera línea con la lista de verificación. En quinto lugar, recopilar y presentar los datos de observación como retroalimentación para los empleados y directivos de primera línea. Fomentar el refuerzo positivo por la mejora y la consecución de las metas.

Equipo de Acción de la Calidad. Un equipo formado para identificar y priorizar los problemas de calidad; identificar los comportamientos cruciales para la calidad que impulsan resultados de calidad; crear listas de observación; desarrollar planes para observar empleados de línea y proporcionar retroalimentación sobre los comportamientos; y para monitorear los resultados.

Indicador principal. Un índice de medida de alta expectativa que predice los bajos resultados. Los datos sobre comportamiento son indicadores. Por ejemplo, aumentar el número de veces que un equipo revisa los procedimientos de trabajo antes de comenzar el trabajo puede ser un indicador para aumentar el número de productos que pasan la inspección.

Lista de verificación. Una hoja de observación con un listado de comportamientos fundamentales para la calidad de una tarea en particular.

Localización. Describir con precisión el comportamiento en términos contables observables. Por ejemplo, «número de tareas de mantenimiento preventivo realizadas en la fecha prevista» es un comportamiento señalado que se pudo observar y contar.

Medición. La recopilación y el seguimiento de los datos sobre el comportamiento, los resultados o ambos.

Refuerzo positivo. Reforzar la mejora individual o del equipo para aumentar la frecuencia de un comportamiento específico o un resultado de rendimiento. El refuerzo puede ser tan simple como un comentario positivo o tan elaborado como una celebración con premios por haber conseguido una mejora en la calidad.

Retroalimentación. Información que se le da a un participante acerca de su rendimiento, comportamiento y los resultados. La retroalimentación puede ser oral, basada en datos por escrito o ambos.

Seguridad Basada en el Comportamiento. Una aproximación a la mejora de la seguridad en la que se identifican los comportamientos seguros. Estos se recopilan en una lista de observación que un observador cualificado utiliza para verificar que un empleado realiza las tareas de trabajo. A continuación, utiliza la lista para proporcionarle al trabajador retroalimentación y refuerzo. Los resultados de la lista de comprobación de todas las observaciones se convierten en una base de datos de comportamiento que se utiliza para medir la mejora.

INFORMACIÓN SOBRE LOS AUTORES

Jerry Pounds es presidente de la División Internacional de Quality Safety Edge. Jerry cuenta con más de 40 años de experiencia aplicando el enfoque conductual en todas las áreas de mejora del rendimiento humano, específicamente en las áreas de calidad y seguridad. Ha diseñado e implementado cientos de iniciativas estratégicas de mejora de rendimiento en casi todas las industrias, incluyendo agricultura, aviación, automoción, seguros, manufactura, minería, farmacéutica, y comercio. Jerry especializa en el desarrollo de sistemas de reconocimiento comportamentales e iniciativas premiadas de mejora de rendimiento y desepmeño humano.

Tom Werner es un Consultor Senior con Quality Safety Edge. Con más de 30 años de experiencia, Tom ha actuado como consultor organizacional, entrenador, capacitador y facilitador. Ha mejorado la calidad y cambiado culturas organizacionales mediante métodos de comportamiento organizacional, la eficacia del equipo, rediseño de procesos y la mejora continua. Tom ha trabajado en una amplia gama de ambientes e industrias, incluyendo la manufactura, refinación, servicios públicos, productos de consumo, bancos, industria papelera y financiera.

Bob Foxworthy es Vicepresidente del Mercado Latinoamericano para Quality Safety Edge. Bob ha implementado procesos de la calidad basada en el comportamiento, en México y Estados Unidos. Un consultor premiado, por más de 40 años, Bob ha implementado soluciones comportamentales en todo el mundo. Bob se ha especializado en la gestión organizacional comportamental, seguridad basada en el comportamiento, el desarrollo de liderazgo, coaching ejecutivo, la mejora la alineación entre cliente y proveedor, y el cambio de la cultura organizacional. Su experiencia industrial incluye petróleo y gas, energía hidroeléctrica, energía nuclear, la producción de alimentos, de papel, marketing, ventas, gestión general, aviación, operaciones ferroviarias, industria pesada, textiles, gestión de residuos, gobierno y gerencia policial, y el desarrollo de pequeñas empresas.

Daniel Moran, Ph.D., BCBA-D es Vicepresidente Senior de Quality Safety Edge y cuenta con 20 años de experiencia en la aplicación de principios comportamentales en ambientes empresariales en todo el mundo. Ha realizado iniciativas de seguridad y mejora de calidad en una variedad de industrias, incluyendo construcción, pulpa y papel, manufactura, y petróleo. Daniel fue el pionero que combinó Capacitación de Aceptación y Compromiso (ACT) con la gestión organizacional de comportamiento con el fin de mejorar los resultados en áreas como garantía de calidad, consultoría de liderazgo, seguridad basada en el comportamiento, capacitación en materia de innovación y coaching ejecutivo.

www.ingramcontent.com/pod-product-compliance
Lightning Source LLC
Chambersburg PA
CBHW051318170526
45166CB00002B/599